JN061284

春野のむかし語り

二本松康宏 監修

小鍋 末羽
佐藤菜々美
藤井 七海
望月 花鈴
編著

三弥井書店

目次

序

二本松　康宏

浜松市天竜区春野町は浜松市の北部に位置する山あいの町である。平成一七年（二〇〇五）七月、いわゆる「平成の大合併」によって一〇の市町村（浜北市、天竜市、引佐町、細江町、三ケ日町、雄踏町、舞阪町、佐久間町、水窪町、龍山村）とともに浜松市へ編入した。その二年後、浜松市は政令指定都市となり、春野町は天竜区の一地区となる。

編入直前の平成一七年三月の住民基本台帳によれば、当時の世帯数は二,〇二四、人口は六,二〇八人だった。そして編入から一九年目を迎えようとしている今、世帯数は一,六七三、人口は三,五六九人となっている（令和六年二月一日現在）。世帯数では一七・三％の減少だが、人口は四三・五％も減っている。じいちゃんやばあちゃんは家に残り、働く世代が子どもを連れて春野（まち）から出て行った、という構図がわかりやすい。

昭和三一年（一九五六）の「昭和の大合併」によって周智郡の犬居町と熊切村とが合併し、春野町が誕生した。人口は一四,七六七人。現在の四倍以上である。町名は霊峰・春埜山（はるのさん）に由来する。翌三二年（一九五七）には気多村も合併に参加し、あらためて春野町が成立する。気多村が一年遅れたのは合併を渋っていたからである。その気多村の矜持（プライド）については前著『春野の民話』の序文でも紹介している。

古来固有の地名ではない「春野」を町名としたことも、気多村が合併を渋ったことも、おそらく春野町の成り立ちに起因している。江戸時代に遡れば、現在の春野町は三三もの村に由来する。
たとえば狭義での気田（明治二二年までの気田村。現在の郷島、金川、気田、仇山）を見ても、もともと幕府領だった気田十五七百村（じゅうごしちひゃく／きいなご）と、宝暦一三年（一七六三）以降は掛川藩領になった気田村とで成り立っている。豊岡でも植田村（現在の植田と野尻）だけが掛川藩領となり、その他の村は幕府領。熊切では長蔵寺村と杉村が掛川藩領になって、それ以外は幕府領である。杉と川上がきちんとした道路で繋がったのは昭和になってからの話で、それ以前はかろうじて峠道が通じているだけだった。川上は幕府領で杉は掛川藩領だったから、そもそも人の交流や往来も少なかったという（『春野の山のふしぎな話』参照）。

領主が違えば税も法も違ってくる。だから生活も文化も違ってくる。二〇一八年に熊切地区（花島・牧野、田河内、越木平、五和、筏戸大上、田黒・石打松下、長蔵寺）での採録調査に取り組んだ学生たち（『春野のむかしばなし』）は、「熊切には五つの方言がある」と言い出した。花島には胡桃平、大時を経て袋井、森の方言が入っている。田河内には川根方言。それはわかる。戦後の開拓地である五和には杉からの入植者が多かったから、もう一つはたぶんそちらの方言だろう。驚いたことに、学生たちは石打松下と長蔵寺では言葉が違うと言う。二つの集落はすぐ隣同士である。当時の学生たちは石打松下が幕府領で長蔵寺が掛川藩領だったことにまだ気付いていなかった。それとは知らずに、しかし、「石打松下と長蔵寺では言葉が違う」と看破した。何度も何度も通い、昔話を聴き続けた彼らだからこそ、その微妙な差異を直感したのだろう。

本年度、私たちが訪ねた気田も、前述のようにかつては掛川藩領の気田村と幕府領の気田十五七百村だった。気田十五七百村の位置については資料によって諸説あるが、あるいは金川に相当するのではないだろうか（『遠

<table>
<tr><th colspan="2">宝暦 13 年(1763)～</th><th>明治 9 年(1876)～</th><th>明治 22 年(1889)～</th><th>昭和 32 年(1957)～</th></tr>
<tr><td rowspan="7">幕府領</td><td>河内村</td><td rowspan="6">宮川村</td><td rowspan="14">気多村</td><td rowspan="16">気田地区
(杉・川上地区)</td></tr>
<tr><td>高瀬村</td></tr>
<tr><td>久保田村</td></tr>
<tr><td>里原村</td></tr>
<tr><td>平木村</td></tr>
<tr><td>夜川十五七百村</td></tr>
<tr><td>気田十五七百村</td><td rowspan="2">気田村※</td></tr>
<tr><td rowspan="2">掛川藩領</td><td>気田村</td></tr>
<tr><td>植田村</td><td rowspan="4">豊岡村</td></tr>
<tr><td rowspan="6">幕府領</td><td>篠原村</td></tr>
<tr><td>山路西東村</td></tr>
<tr><td>勝坂村</td></tr>
<tr><td colspan="2">小俣京丸村</td></tr>
<tr><td colspan="2">石切村</td></tr>
<tr><td colspan="2">川上村</td><td rowspan="15">熊切村</td></tr>
<tr><td rowspan="2">掛川藩領</td><td colspan="2">杉村</td></tr>
<tr><td colspan="2">長蔵寺村</td><td rowspan="8">熊切地区</td></tr>
<tr><td rowspan="12">幕府領</td><td colspan="2">石打松下村</td></tr>
<tr><td colspan="2">田黒村</td></tr>
<tr><td colspan="2">筏戸大上村</td></tr>
<tr><td colspan="2">越木平村</td></tr>
<tr><td colspan="2">田河内村</td></tr>
<tr><td colspan="2">牧野村</td></tr>
<tr><td colspan="2">花島村</td></tr>
<tr><td colspan="2">大時村※</td><td rowspan="9">犬居地区</td></tr>
<tr><td colspan="2">胡桃平村※</td></tr>
<tr><td>峯沢頭村</td><td rowspan="3">砂川村※</td></tr>
<tr><td>赤土村</td></tr>
<tr><td>徳瀬村</td></tr>
<tr><td rowspan="3">掛川藩領</td><td colspan="2">和泉平村</td><td rowspan="4">犬居村（町）</td></tr>
<tr><td colspan="2">堀之内村</td></tr>
<tr><td colspan="2" rowspan="2">領家村
（中山村）</td></tr>
<tr><td>瑞雲院領</td></tr>
</table>

※…今回の採録調査地

江国風土記伝』等)。気田に暮らす人たちは、金川との違いをそれとなくなんとなく感じているらしい。ある人は「金川はどことなくプライドが高い」と言っていた。明治のはじめまでは寒村に過ぎなかった気田が王子製紙によって賑わうようになるずっと前から、杉川と気田川の合流地である金川は、木材の集積地として栄えていた。だとしたら、気田村を掛川藩に譲った幕府が、気田十五七百村だけは天領としておきたい理由もわかる。「金川はどことなくプライドが高い」というある人の印象は(それは彼の主観かもしれないが)天領の気風なのかもしれない。

ちなみに、犬居の三ヶ村(堀之内、領家、和泉平)はいずれも宝暦一三年以来、掛川藩領になる。その際、堀之内村は天正(一五七三〜一五九二)以来の「御料所百姓」である旨を主張して掛川藩領への編入反対を請願している(宝暦十三年七月「堀之内村私領引渡し御免願書」『春野町史 資料編二 近世』所収)。幕府領であることと私藩領であることとでは、住民たちの暮らしにも矜持にも、つまりそれほどの差があったということだろう。

砂川、大時、胡桃平もまた数奇な歴史を持つ。これらの三ヶ村は明治二二年の町村制施行の際に熊切村の一部となっていた。しかし、田河内、越木平、筏戸大上、田黒、石打松下、長蔵寺、それに花島、牧野と、ざっくり言えば熊切川とその支流に沿った集落と比べると、大時、砂川は不動川沿いに、胡桃平は不動川の支流である釜沢(島沢)沿いになる。俗に「水源が違う」という。

たとえば川上村では、明治二二年の町村制に際して熊切村への編入に異議を主張し、榛原郡の上長尾村(川根本町上長尾)、下長尾村(川根本町下長尾)との合併を静岡県に上申していた(『春野町史 通史編 下巻』)。上申に掲げられた五ヶ条のうちの五つ目が、まさに水源だった。杉川に沿う川上は、熊切川に沿う熊切とは水源が違うと説くのである。

そうした謂れに従えば、不動川とその支流である釜沢（島沢）に沿う砂川、大時、胡桃平の三ヶ村は和泉平、堀之内、領家とともに犬居村に入るのが自然だったかもしれない。しかし、そうではなく熊切村に組したのは「御料所百姓」としての気脈が花島や田河内、石打松下に通じていたのではないか。

詳しくは三地区の解説に譲るが、昭和三一年（一九五一）の熊切村と犬居町との合併以降、大時、砂川から和泉平を経て犬居とを結ぶ道路が開発・改良され、自動車の往来が可能になった。昭和四一年（一九六六）には犬居小学校の鉄筋コンクリート三階建ての新校舎が完成し、砂川（旧砂川小学校区）は昭和四三（一九六八）年から、大時（旧花島小学校区）と胡桃平（旧胡桃平小学校区）は昭和四四年（一九六九）から、スクールバスで犬居小学校へ通うようになった。小・中学校時代の友人たちは、そのまま成人後の交友圏に繋がる。同じ春野町内でも中学校が違えば少年期には付き合いどころか面識さえなかったという。昭和四四年に犬居小学校へ入学した子どもたちは今年、ちょうど還暦を迎える頃だろう。

現代風にいえば王子製紙の企業城下町として、あるいは営林署のお膝元として、春野町の賑わいを支えてきた気田の街並み。それとは対照的な山あいの静かな里である砂川、大時、胡桃平。どちらも春野を象徴するような風景である。そうした風景の中を訪ね歩き、私たちが記録しているのは、ただの昔語りではない。昔話は家庭に、伝説は地域に、世間話や言い伝えは暮らしの中に、ずっと語り継がれてきた「心と記憶の遺産」である。それは春野の記憶であり、今となってはもう風前の灯火（ともしび）ともいえる日本の原風景（むかし）でもある。

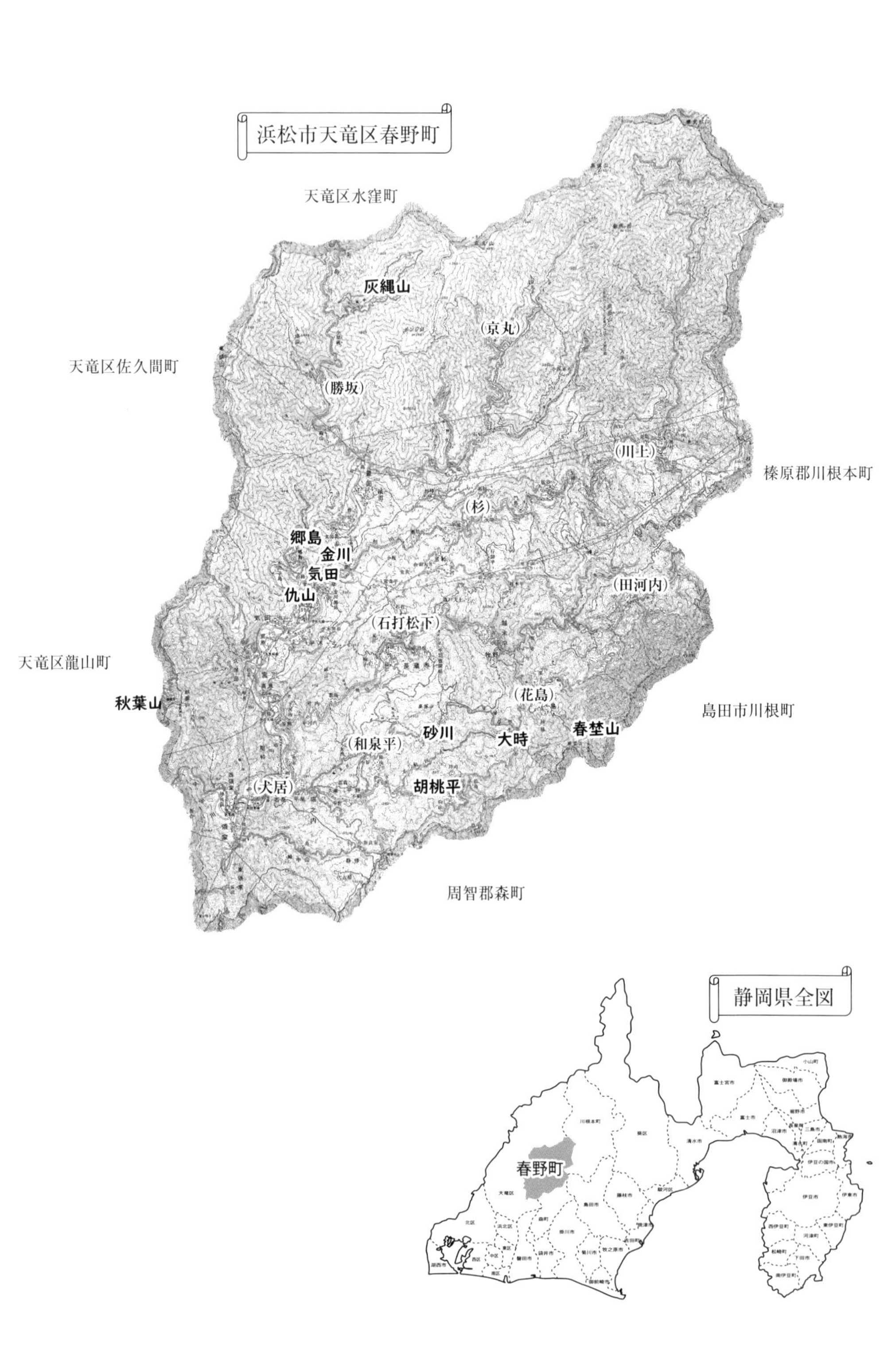
浜松市天竜区春野町
天竜区水窪町
灰縄山
（京丸）
天竜区佐久間町
（勝坂）
（川上）
榛原郡川根本町
（杉）
郷島
金川
気田
仇山
（田河内）
（石打松下）
天竜区龍山町
（花島）
秋葉山
島田市川根町
砂川
大時
春埜山
（和泉平）
（犬居）
胡桃平
周智郡森町
静岡県全図
春野町

凡例

一　本書は、静岡文化芸術大学 文化政策学部 国際文化学科 二本松康宏ゼミ（伝承文学）に所属する学生が、令和五年五月から令和六年一月にかけて静岡県浜松市天竜区春野町の気田地区（郷島、金川、上区、中区、下区、仇山）と砂川、大時、胡桃平において実施した民話の採録調査の成果の一部である。

二　採録調査は浜松市春野支所の協力を得て実施した。

三　調査では八三名の方から昔話六〇話、伝説六二話、世間話七七話、言い伝え七一話、合計二七〇話を記録した。本書ではその中から昔話二一話、伝説二二話、世間話二〇話、言い伝え二一話、合計八四話を掲載している。

四　話はすべて原則として「語りのまま」「方言のまま」に掲載する。

五　昨今の社会情勢（高齢者を狙った特殊詐欺犯罪の危険性など）に配慮し、本書では話者の個人情報については詳細な情報を掲載しないことにした。氏名、生年、おおまかな住所だけを掲載する。

＊　採録調査については「公益社団法人ふじのくに地域・大学コンソーシアム」より「令和五年度 ゼミ学生等地域貢献推進事業」としての助成をいただいている。

＊　本書の刊行については「公益信託チヨタ遠越準一文化振興基金」より助成をいただいている。

＊　本書の刊行については「公益財団法人静岡県西部しんきん地域振興財団」より助成をいただいている。

昔話

1　桃太郎（一）

勝田　敬子（中区）

むかしおじいちゃんとおばあちゃんがいて、そいで、ある日おばあさんが、洗濯に行ったら、川の向こうからドンブラコッコ、スッコッコ、ドンブラコッコ、スッコッコって、桃が流れてきましたって。そいでそれを、桃を、家に持ってって、ほいでおじいちゃんに「今日はこんなことがあったよ」って言ったら、「ああそうか、桃か。珍しいなあ」って言って。ほいで、それを包丁で切ったら、中から「オギャー」っちゅって。桃から赤ちゃんが生まれたって。ほいでね、「ああびっくり。桃から生まれたで名前を桃太郎と付けよう」っちゅって。ほいで桃太郎って名付けたんだって。そうしたら、その桃太郎が、すごく、元気の良い、気立ての良い子に育って。

あるとき、鬼ヶ島に赤鬼と青鬼がいて、その赤鬼と青鬼が、人間にすごく悪いことをするって。悪さをするって。ほいで「いじめるから」って言って、桃太郎が「征伐に行く」っつって。ほいで、行こうとしたら、おばあちゃんが、きびだんごを作ってくれたって。

そいでそれを腰に付けて、ほいで、てくてくてくてくと歩いて行ったら、そしたら、一番はじめに猿（さる）に出会ったと。ほいで、猿が「そのきびだんごを一つちょうだい」って言（ゆ）ったもんで、ほいだもんで、桃太郎が気よく「はいどうぞ」っちゅってあげたら、「だけど、あげるについては、今から鬼ヶ島に鬼退治（たいじ）に行くから、そのお供をしよ」って。ほいで言われて「はい」っちゅって、ついて行って。

またてくてくてくてく歩いて行ったらね、今度はね、犬（いぬ）に出会った。ほいで、「ワンワン、そこに付けてるものはなんですか」って、言（ゆ）ったもんでね、「これはおばあちゃんが作ってくれたきびだんごだよ。今から鬼退治に行くんだよ」って言（ゆ）ったら、「はっ、一つください」って、犬も言（ゆ）って。ほいで桃太郎は、「お供するならあげるよ」ってきびだんごをあげたっていうことで。

で、またてくてく、二人の家来を連れて、てくてく歩いて行ったら、そしたら、向こう、空のほうから「ケンケンケン」っていって雉（きじ）が来たんだって。ほいで雉も同じように、「そのきびだんごをちょうだい」って言（ゆ）ったもんで。で、訳（わけ）を話して、「こういう訳で、鬼ヶ島行くけど、お供するならあげる」って言（ゆ）って。ほいで「お供します」って三匹の家来を連れて、鬼ヶ島へ行ったと。

そしたら、鬼ヶ島に着いたら、そしたら、鬼たちが酒盛りをしてたんだって。お酒を飲んでわいわいやってたって。ほいで、「どうしようかな」って思案したんだけど、ほいで、「猿、おまえは、ひっかくことが得意だから、その爪で鬼を存分ひっかけ」って言って。ほいで犬には、「おまえは、噛みつくことが得意だから、だから、その鬼のあれに思いっきり噛みつけ」って。ほいで雉には、雉は飛べるから、最初、偵察に行かせた。

ほんで、結局、ほいで桃太郎は刀であれして、ほいで、あの怖い鬼を退治して。ほいで、その鬼ヶ島には、いっぱいの宝物があったって。ほいだもんでそれを、屋台みたいなのに乗せて、旗を立てて戻ってきて、ほいで村の人にそれを分けたっちゅう話。

（令和5年5月27日採録）

2 桃太郎（二）

山田　福利（仇山）

おじいさんとおばあさんがいてね。おじいさんは山へ柴刈りに行って、おばあさんは川へ洗濯に行ったと。そしたら、大きな桃が、上のほうから、桃がたくさん流れてきて。「小さい桃はあっちへ行け、大きい桃はこっち来い」って、最後には、大きな、一番大きな桃を持ってね、家へ帰って。ほいで、おじいさんとこ帰ってきて。「じゃあ、桃を割って、食べよう」っつって、割ったとこが、中から桃太郎が生まれてきたと。

そいで、その子がだんだんすくすく育って、「いたずらする鬼を退治してくれ」とゆうことで、桃太郎がきびだんごを持って、きびだんごをやって家来にして、鬼退治に行ったっていうね。この話はそこまでしかわからんな。

（令和5年7月8日採録）

3 花咲爺

山田　隆靖（仇山）

「ここ掘れわんわん」だもんで、おじいさんが掘って、正直なおじいさんが掘ったら、金貨出てきて。それで、意地悪なおじいさんがいて、「じゃあ俺もちょっとねえ」「欲しいで、ちょっと探せ」って言って、探させたら今度は、ゴミみたいなガラクタ出てきて。ほいで怒って、その意地悪いおじいさんが犬を殺すじゃんね。

で、その正直じいさんが「かわいそうに」って言って、その犬を、まあ、お墓みたいなとこに、まあ、焼いたかなんか知らんけど、埋けて。ほいで、今度、木が育って。で、その木だか、今度は意地悪おじいさんが燃やしちゃうだよね。

燃やして、その灰を、悲しんだおじいさんが、また「枯れ木に花を」って言って撒いて。ほいで桜が咲いて。で、お殿さまが「よし、褒美を取らせよ」って言って、お殿さまが褒美取らせたもんで、それ見てた意地悪なじいさんが、「じゃあ、私も」って言って、撒いたら、今度お殿さまへ、花なんか咲かずに、灰が直接お殿さまの目に入っちゃうもんで。お殿さま怒って、その意地悪なじいさん殺しちゃうかなんかしただよ。

（令和5年7月8日採録）

4　浦島太郎

尾上　良子（大時）

浦島太郎っていうのはね、子どもがなんか、亀をいじめてたもんで、それを助けてやってね、放して、海へ放してやったら、今度は、亀がね、浦島太郎をあれして、恩返しにして、連れて行ってくれて。

それで、乙姫さまがいて。で、乙姫さまがお礼にしていろいろご馳走したりして。あの、「鯛や鮃の舞踊り」っていうけど、そういうのやって。

そしたら、しばらくしたら、浦島太郎が家のこと思いついて、それで、「帰る」って言ったら、乙姫さまが玉手箱をくれて。それで、「玉手箱、これ開けちゃいけませんよ」って言って、渡したのに、浦島太郎が帰ったら、そしたらもう、見たこともない人ばっかで、顔が。それから家もぜんぜん違うの。それでびっくりして。それですることもないもんで、開けちゃいかんっていう玉手箱を開けたら、中から煙が出て。そしたら、浦島太郎がいっぺんにおじいさんになっちゃったって。

そしたら、竜宮城（りゅうぐうじょう）で過ごした日、あれは、人間の世界来たら三百年ぐらい経ってる。それだからいっぺんにあれして。開けちゃいかんって言ったのを開けたもんだから、その煙で、その年数があれになったとかっちゅってね。それでね、おじいさんになっちゃったって。

（令和5年7月8日採録）

5 鶴の恩返し㈠

山田 隆靖(仇山)

猟師が、本当は違う獲物捕ろうと思って、罠を仕掛けてたら、間違えて、鶴がかかっちゃってたもんで。それで、「かわいそうに」って言って、逃してやったら、ある日、夜中に、綺麗な女の人が来て。

それで、「機を織って、恩返しをさせてください」みたいなことになって。で、「けっして見ないでくださいね」って言って。ほいで、すごくいい反物ができて、「これはすごい」っていうことで、結構な値段で売れてって。

で、日に日に、日に日に、その来た女の人やつれていくもんで、「なんでだろう」って言って、「覗いちゃいかん」っつうけど、夜中こっそり見たら、鶴が自分の羽をこう、抜きながら機を織ってたっつって。ほいで、「見られたからには」って言って、「ここにはいれません」って言って、どっか飛んで逃げちゃったと。

(令和5年7月8日採録)

6　鶴の恩返し㈡

鎌倉　実代子（仇山）

　雪の降る日だったかな。寒いときかな。「一晩泊めてください」って言って来て。きれいな白い服着た若い娘さんだよね。で、その家の若者かな、一人住まいの男の人かな。「ああ、いいですよ」って泊めてあげて。優しいよね。で、ずっと暮らしてて。そいで仲良くやって暮らしてただよね。

　で、その娘が言うには「私は夜、ちょっと部屋にいるけど、絶対私の姿を見に来ないでください」って。だけど興味あるじゃんね。で、しばらくしてから、その若者が見に行ったら鶴が機織ってるだって。かたーんことーん、その障子の影でね。障子のあれでわかるだら、鶴が羽を広げて、そして鶴が自分の羽を取っちゃ、機織って。だけどその息子が見たっつうの気がついて、その鶴が「私の姿を見てしまいましたね」って言って。「じゃあ私はあなたとお別れしますで」っつって。どっかへ行っちゃった。舞って行っちゃっただら。そのあとにはなんか反物が残ってったって。きれいに織ってくれたね、反物が残ってたって。

（令和5年7月8日採録）

7　因幡の白兎

森下　路子（胡桃平）

鮫と兎の話だよね。兎がね、こっちからこっちの島へね、「渡りたい」って言うので、「どうやって渡ろうかな」って思ってね、兎が考えたわけ。そしたらね、鮫がいてね、「あそこまで行ったら、そうしたら、何かやる」って言ってね。

そいで、鮫にね、ここまで送ってもらったけどね、なんか、そのね、「やる」って言ったのがなかったらしいだよ。そうしたらね、鮫がね、兎の皮をみんな剥いちゃって、赤裸にしちゃって。

そうしてね、兎が泣いてたところへ、大国主命。その人が来て、で、「かわいそうだ」って。「じゃあ、蒲の穂へね、くるめばね、ちゃんと毛が生えて、元に戻りますよ」ってね。

それで、大国主命にね、助けてもらった話。

（令和5年7月22日採録）

8 猿蟹合戦

山田 隆靖（仇山）

蟹の親子がいて、それで、柿の木の柿が食べたかったんだけど、登れんくって。そいで、こう眺めてたら、猿が、ひょこひょこひょこって来て、柿をむしゃむしゃ食べだして。「よかったら、柿を分けてくれ」って言ったら、「よーし。わかった」って言って、まあ、猿も意地が悪いもんで、青くて渋い柿を、こう、蟹へ投げつけるように、投げたら、その後、柿がお母さん蟹殺しちゃって。で、子どもの蟹が「復讐をする」っつって。

で、栗と、臼と、蜂に、お願いして、「よし、わかった」っつって言って。それで、栗は、「じゃあここで」っつって、囲炉裏の中で待機してて。臼はこういう天井の梁みたいなとこ、「ここへいてくれ」っつって。で、最後、水瓶の中に、水がたまった瓶の中に、「ちょっと、蜂、ここにいてくれ」っつって。トラップを完成させて、それで、どういう順番で行ったか覚えてないだけど、まあ、臼はこっから、「猿来たな」って言ったら、ぼとんっと落ちて、どんって乗っかって、「いててて！」ってなって。囲炉裏からも熱々になった栗が爆ぜて、猿に、バチンって当たって、「あちあちあちあちあち！」って言って。そいで、水瓶のほうへ猿が逃げてったら、ぱかって開けて、「さあ、冷やそうかな」って思ったら、蜂が、プスッ。刺して、それで、まんまと、復讐（ふくしゅう）が成功するっていう。

（令和5年7月8日採録）

9　十二支の由来㈠　鼠と牛

山田　福利（仇山）

神さまが、集めただってね。そいで、十二支を作るために。そいで、そこら中に、「十二支に入れてやるよ」って。そうしたら、みんな十二支の中に、入りたいわけじゃん。動物ね、そん中へ。

そいで、牛が、「俺は、歩くに遅いで、早くから行かんといかんで」って言って、一番先に早起きして、その神さまの言うこと聞いて、十二支の中入りたいもんで、歩き始めただって。遅いから。そうしたら、ずるい鼠が、牛の頭へ、ぽんと背中へ乗っちゃって。ほいで、神さまのとこ行って、「お呼ばれになったで、来ました。十二支に」っつって言ったら。手前で鼠がぴょんっと飛び降りちゃって、鼠がトップになっちゃった。それから、子、丑ってはじまるようになった、という話ね。

（令和5年7月8日採録）

10　十二支(じゅうにし)の由来(ゆらい)㈡　鼠(ねずみ)と牛(うし)

榊原　旭（砂川）

あれはやっぱり競争して。その、鼠(ねずみ)かね、一番が。それが、鼠、先に着いて、その干支(えと)のあれを、鼠が一番先だって。
ほいで、その鼠の前に、牛か。牛が行って。先になるっちゅうときに、鼠が後ろから来て、牛の背中から飛び乗って、出ちゃったっつって。そいで鼠はさ、先になったっつって。そんなことを言(ゆ)っただよな。

（令和5年7月15日採録）

11　十二支の由来㈢　鼠と猫

大上　哲哉（胡桃平）

お正月だよね。その前に、神さまが、動物全部に向かって、「この日までに来なさい」って言ったのを、鼠が、猫に対して、嘘をついて、一日あとの日を教えたもんだから、その全員がゴールしたときには、間に合わなかったんだよ。だから、猫は、鼠のことが許せなくて、今でも、鼠を追いかけまわしてるって。

（令和5年7月22日採録）

12　雀と燕

山田　福利（仇山）

神さまが、「食べ物を、何を食べるか言うから、集まれ」っちゅったらね、そしたら、雀は一番先に、食べ物のことで飛んでっちゃった。先ね。「ほいじゃ、一番先に率直に早く来て、言うこと聞いて来たで」っつって、「あなたは人間と同じ米を食べていい」って言って。雀はそれで、米をつついて食べるだってさ。

で、燕は、洒落て洒落て、燕尾服着て、洒落て洒落て洒落て洒落て洒落て遅く行ったもんで、ほいだもんで、神さまは、「おまえは、雀の食べるね、お米を作るために害になる虫を捕って食べていいよ」っつって言われたっつって。「いまだ、燕は虫を捕ってるんだよ」って。

（令和5年7月8日採録）

13　大根（だいこん）と人参（にんじん）と牛蒡（ごぼう）

鈴木　美恵子（下区）

人参さん、大根さん、牛蒡さん、「みんな一緒にお風呂入りましょー」って、入っただよね。そうしたら、大根さんは、綺麗（きれえ）に綺麗（きれえ）に綺麗（きれえ）に洗って、綺麗（きれえ）になって真っ白くなって「はー、綺麗（きれえ）になったから」って言（ゆ）って、もうお風呂出たのね。で、人参さんは気持ちがいいから、ずーっとずーっと、お風呂に沈んでたわけね。そいだで、真っ赤っかに茹（ゆ）で上がっちゃって。牛蒡さんは、入るといきなり、「こんな熱いお風呂は入れないから」っつって、真っ黒いまま飛び出ちゃった。ほいで、真っ黒。

（令和5年7月22日採録）

14　鼠の嫁入り

山田　隆靖（仇山）

「あるところに鼠がいました」 って。で、お嫁さんに「一番強い人をお婿さんにしよう」と思って、神さまに相談したところ、神さまは「太陽が熱いから一番強いんじゃないの」と勧めました。で、太陽のところに来ました。「たしかに、俺は強いかもしれないけれど、それを隠しちゃうから、雲が強いんだよね」っつって。「そうか。雲ですか」っつって。「じゃあ、わかりました」で、雲のところに行きました。雲、「まあ、確かに、俺は太陽を隠して、強いかもしれないけどな」っつって。「でも、俺、風に弱いんだよ」っつって。「そうですか、じゃあ、風のところに行きますね」っつって。で、風のところに来ました。「ああ、確かに雲は飛ばせるけど、壁には敵わないんだよな、俺」っつって。で、壁のところに来ましたと。で、壁が言いました。「俺、風には強いんだけど、鼠に穴開けられるから、鼠が強いんだよ」っつって。「そうか、わかった」っつって。ということで、鼠の花婿さんは、鼠に決まりましたと。

（令和5年7月8日採録）

15 北風と太陽

山田　隆靖（仇山）

旅人が歩いていたら、太陽と北風で、「どっちが旅人のコートを脱がせるか、ちょっと、勝負してみよう」っつって。で、北風はもう、力まかせに風を吹かせると、旅人は寒がるもんで、コートを一生懸命、脱げないように、脱げないように。じゃあ、「もう、さすがに脱がせられないから」っつって、太陽に交代して。

太陽の照りつけるような暑さで、もうどんどんどんどん暖めたら、暑くなってコートを脱いで、太陽が勝つっていうね。そいだもんで、旅人の身になって考えてみてっていう、人の身になって考えるっていう教訓がそこにはあると思う。

（令和5年7月8日採録）

16　兎（うさぎ）と亀（かめ）

榊原　旭（砂川）

競争で、兎が亀に向かって、「おまえはなんでそんなとろくさいだ」ってちゅってね。兎はそう言（ゆ）って。「あそこの山まで競争しまいか、どっちが先になるか」。ほいで、兎と亀と相談して。ほいで、競争してやると、まあ、亀は遅いもんで。兎は速くて。

そいで、その目的地へ近いとこも、近くになってから、兎、「まだ亀は来るもんじゃないだで、一眠（ひとねむ）りしする」って、一眠りしているときに、亀はそっとそれを抜いて行って。目的地に亀のほうが先に着いて。ほいで兎、目が覚めて行ったら。亀は行っていたということで。そんなことだだいな。

（令和5年7月15日採録）

17　狸(たぬき)の八畳敷(はちじょうじ)き

鈴木　美恵子（下区）

あのね、若者がね、帰り道にね、綺麗(きれえ)な綺麗(きれえ)なお着物着た女の人がね、招いてね。「おいで、おいで。おいで、おいで」って、手を振(ふ)るもんだから、あんまり綺麗(きれえ)なもんだからね、その人言(ゆ)うとおりについて行ったの。

ほいで、ついて行ったらね、すごーく綺麗(きれえ)なお部屋に通されたの。で、そこで、いろいろね、ご馳走(ちそう)をしてもらったり、お酒をいただいて、座って楽しくやってきたの。そして自分は、「あれ、なんだろう」って思いながらいて、「もしかしたら、騙(だま)されたのかな」っていう頭(あたま)もあったらしくって。そうして、何か、竹のような、竹の先の尖(とが)った物を、畳(たたみ)にね、ちくちく、ちくちくってやってみたんだって。そうすると、綺麗(きれえ)なその女の人がね、「痛い、痛い」ってゆうような顔をしてね、顔をしかめたんだって。ほいで、「これはおかしいなあ」って思って、ちくちくちくちくちくちくやったらしいの。そうしたら、狸が、その化(ば)けの皮(かわ)を剥(は)がして、剥(は)げて、ほいで自分も我(われ)に返ったら、竹藪(たけやぶ)の中にね、自分だけ座ってただって。

ほいで、「あっ、これは、狸に化(ば)かされたんだな」って気がついたと。それが、狸の金玉八畳敷(きんたまはちじょうじ)きっていうの。

（令和5年7月22日採録）

18　新屋の墓柱

山田　隆靖（仇山）

家を建てようと思って、その働いてた人が、まあ、お金一生懸命貯めて、家を建てることになりましたと。で、建てるにあたって、柱が一本だけ足りない。で、むかし、お墓、墓石でもなく、木の大きな墓標みたいのを、足りない柱の代わりに盗んできて。それを、柱にして、家を、まあ、建ちましたと。そしたら、やっぱり罰があたって、その家に雷が落ちただかなんだかして、家が燃えたところ、そのお墓に使ってた柱だけが、燃えずに残ったと。

（令和5年7月8日採録）

19 姥捨山(灰縄)

辻本　富江(下区)

領主さまっていうか、ねえ、上の人が、灰の縄を、縄の綯ったのを灰にしたような、とにかく「灰の縄を持ってこい」って言われて、で、息子も困っちゃって。

その頃は、姥捨山って言って、齢を取るとね、山へ、お父さんとかお母さん置き去りにして来たんだけど。ほいだけど、その息子は、家に匿っていたんだって、お母さんを。で、「実は、こうやって言われただけど」っつって言ったら、「それじゃあ、その、藁で、縄を固ーく綯って。で、それを焼いて、そーっと持ってけば、灰縄になる」って言われて。

で、それを聞いて、感心した領主さまが、「じゃあ、これから年寄りをね、大切にするように」って言われて、姥捨山行くのはなくなったって。


(令和5年7月22日採録)

20　一休さんの頓智㈠　このはしわたるべからず

山田　隆靖（仇山）

足利義満だと思うだけど、当時のその将軍さまが、一休さんに対して、もう、無茶振りをしてくるようになんだよね。で、ある日、「このはしは渡ってはいけません」っていうお札を、橋の袂に立てて。ほいで、一休さんが困って。「あ、それじゃあ」って言って、堂々と真ん中を渡ってったの、橋の。そいで、それ見てて、将軍さま怒るじゃんね。そしたら「はしっていうのは、この真ん中じゃなくて、この両端は、渡ってはいけないんだったら、真ん中を渡ることができるじゃないすか」って。

（令和5年7月8日採録）

21　一休さんの頓智㈡　屏風の虎

大上　哲哉（胡桃平）

一休さんが、将軍さまに会ったときに、その将軍さまが、衝立に描いた絵をね、「一休さん、この虎を縛ってみなさい」っていうふうに言ったんだけど。で、将軍さまはね、「こんな頓智は解けないだろう」って思ってたら、一休さんが将軍に向かって、「じゃあ、将軍さま、この虎を追い出してください」そう言ったたって。

（令和5年7月22日採録）

伝説

1　京丸の尹良親王と藤原家

山道　世津子（金川）

なんで京丸って言うと、長野のほうから今私が言ったように、足利尊氏に追われて、後醍醐天皇の孫、その孫、尹良天皇だって言ったかな。そいで、その孫を守ってここに住みついたわけ。ほいで、場所を京都のほうから来たもんで京の丸、京丸にしたんだって。京丸ってしたんだって。

それで、このね、京丸はね、最初はあの天皇陛下の家紋、菊の家紋だっただって。それで、この人たち、まああの藤原の一族が来たんだけども、あと十二人ぐらいの。あの家紋が菊の御紋にしたんだけど、あるときからここに葉っぱ、葉菊紋にしたんだって。ほいだもんで葉菊紋は本家だけ。ほいであとの新家になるわけじゃんね。新家はね、下がり藤、あの家紋になったっていうことで。それで、それが藤原の京丸の由来。

（令和5年5月20日採録）

2　京丸牡丹（きょうまるぼたん）

水口　久（下区）

京丸（きょうまる）に、きれいなお嬢さまがいて。そのお嬢さまを旅人が、旅人の好青年が見初めて、好きになってね。そこで、いろいろと仕事しながら長く居座（いすわ）ったたっちゅうだよね。ほいで、好きになったもんで、親に「一緒にいさせてください」って言（ゆ）ったら、その姫のお家（うち）のお父さんが、「家（うち）の姫は、家（うち）の娘はやれません」と。「ここの集落は、この集落の人でないと結婚を許されないもんで」ってゆう話になって。そうなると男の人はね、寂（さび）しいでしょ。だもんで、仲の良い恋仲だもんでね、連れ出して。ほいで、京丸の沢へね、入ったかどこ行ったか、いなくなっちゃっただと。だが、時期が来るとね、いなくなった時期が来るとね、牡丹のね、花びらがね、沢へ流れてくるって。その沢に流れてくる牡丹の花びらもこんな小さな花びらじゃないって、大きな花びらだって。だもんで、こんな大きな花びらがあるってゆうことはね、この奥にね、大きな牡丹が咲くじゃないかって、そこが。

（令和5年7月22日採録）

3　勝坂の灰縄山(一)

山田　福利（仇山）

むかしは、あっただいね、姨捨山とか、おじ捨山ね。

そいで、隠しておいたら、怒られて、なんか、「灰で縄を編んでこい」と言われて。灰縄ちゅうとこのはね。で、灰で縄を編むっていったら、それは難しいもんで、灰で縄を綯えるわけないもんで。そいで、その年寄りの捨てられるおばあさんが、「藁で縄を先に編んで、それを塩水に浸けて、ほいで、火で焼けば、ぱらっとならんし、藁の形がそのまま残る」とゆうことを教えて。それを殿さまのとこ持ってって。「灰で縄をもってこい」っつったら、そしたら、この難しいのを作って持って行ったわけだよ。そうしたら、「これは誰に教わった」ってゆうことで、「こうこう、年寄りに教わった」っていうことを言ったら、おばあさんとか、おじいさんとか、年寄りを捨てちゃいけないということになって、捨てなくなったということだいね。

それが、おじ捨山、姨捨山だいね。年寄りを大事にするようになって、廃止になるだかね。

大事にしなくてはいけないっていうことになっただいね。そのやつが灰縄というとこの謂れだと思うよ。「灰で縄を編んでこい」っつったのがね。この勝坂に、奥に、灰縄っちゅうことがあるだけど、そこが姨捨山、おじ捨山になっていただってさ。

（令和5年7月8日採録）

4　勝坂の灰縄山（二）

鎌倉　実代子（仇山）

灰縄山って、勝坂のほうにあるだよね。お年寄りがね、むかしの姥捨山。用がないおばあさんを、その山に捨てちゃっただけど。

その一人の息子は、おばあさんが、親が大事で、匿ってって、自分の家へ。で、お殿さまが、「灰で縄を編め」って。そうゆう申し出を、若い衆にやったのね。で、その若い衆は、そのおばあさんに聞きたのね。そいで、おばあさんが、「灰は、縄を編んでから燃せ」って言ったかな。「そうすると、そのまんま残る」って。で、それを息子に教えてくれたのね。で、その息子がその通りにして、お殿さまに持って行ったら、「よくやった」って。だけど、そいで、息子がね、「申し訳ありません。これは、親に教えてもらった」って言ったって。ところから、そのお殿さまが、「あっそうか。これからは親を大事にしにゃいけない」ってゆう沙汰をやったんだって。それが灰縄のあれみたいよ。そうゆう親孝行の話だよね。

（令和5年7月8日採録）

5

郷島（ごうしま）のたへい淵（ぶち）

塚本　善之（上区）

たへい淵って、深い淵だだなあ、あれがまた。そりゃ気持ちが悪いよな。どんよりしてね。そ

大きくて、こぶになってて。

むかし、たへいってゆう人がその上で炭を焼いてて、落ちて死んだから、たへい淵と。そうゆう名がついたという、それだけの話だと。

（令和5年5月27日採録）

6 木(き)の子島(こじま)の椀貸(わんか)し伝説

木の子島の祠

藤原　哲吉（上区）

この奥にね、吊り橋があるだよ。一軒の家(うち)がある。木の子島っていうところに。あそこに、その手前に、ちょっとした祠(ほこら)、祀ってあるけども。

あそこは、なんかむかしは、お祝い事やるときに、お膳(ぜん)だとか、むかしは、今みたいなホテル行くわけじゃない、旅館でやるわけじゃないもんで、家(うち)の中でみんなでお祝い事を、お葬式もみんな近所の衆が集まって、力を合わせて、お豆をあげたり、漬物を出したり、味噌汁を出したりねえ、しとっただけど。むかしのお膳だとか、茶碗っていうものはみんなどこの家(うち)もそろってるわけじゃないもんで、だもんで、「それをないもんで、出してくれ」って言うと、出してくれるっていうことを聞いたっけや。

そいでまた納めれば、また、どういうわけか、また、どっかへなくなるじゃないけど、どっかへしまってくれるじゃない。また困ったときには、またお願いしたって。

（令和5年5月27日採録）

7　篠ヶ嶺城の矢（郷島の高矢家と中矢家の由来）

木の子島から篠ヶ嶺城址を仰ぎ見る

嶋口　仁（郷島）

高矢さんと中矢さんっていう家があってね。それで、昔、なんか、篠ヶ嶺のほうから矢を撃ったら、その矢が高い所に飛んできて高矢になって、中間に落ちたから中矢になったて。

（令和5年8月5日採録）

8　金川の七人塚と太刀洗沢

岩本　秀彦（下区）

七人塚って、俺聞いたのは、七人の侍が、あの武田となんか戦争やって、逃げてきて、その七人が割腹して、その太刀を、血を洗った、太刀洗沢ってあそこにあるだいね。金川、開墾のちょっとこっち。沢があるだよ。それ、太刀を洗ったもんで太刀洗沢。自決したらしいだに。

（令和5年6月10日採録）

9　金川（きんがわ）の首塚（くびづか）と太刀（たち）洗沢（あらいざわ）

村松　桂子（下区）

あれはやっぱり落人（おちうど）だいね。追われてきたのだもんで。匿（かくま）ってもらおうと思って、行ったけど、断られて、で、しょうがなくてここずーっと、ずーっと尾根になってるもんでね、今、平木（ひらき）の開墾（かいこん）ちゅうんだけど、むかしはそのまま山だったもんで。ずーっと行くと、金川（きんがわ）の今の開拓のところに出るの。ずーっと行くと。そこで、捕まって、で、首を斬られて、そこに首塚って、あそこ、あの辺（へん）にあるだよ。私も小さい頃は首塚があるっていうのは聞いてたことあるの。その首を斬られて、ほいでその太刀を洗った沢が太刀洗沢って。今でも残ってるっていう話だっただけどね。

（令和5年7月22日採録）

10 仇山沢の赤石

水口　久（下区）

　仇山の話ですよ。あそこへ、旅のお坊さんがね、歩いてきて、お腹がぺこぺこで。ほいで、お腹が空いたらね、お百姓さんが軒にいたもんでね、「何か食べ物を恵んでください」って、お坊さんがお願いしたら、「家にはちょうど食べ物が何にもないんで」っつって。家の前にね、小豆を干しといたの。小豆の実をこうやって筵へ干してね、いたところにお坊さんが来て、「食事を恵んでください」って言っても、「家にはありませんで、今ここにあるものでよけりゃあどうぞ」っつって、こうやってね、恵んでくれたと。それをもらって、煮てすぐ食べれるわけじゃないもんで、すぐそばの仇山沢ってむかしからある沢で、その沢で洗ったという話。洗ってるうちに、お坊さんが、いくつかの小豆を流してしまったと。それが、お坊さんが去った後ね、あの沢は赤石になっちゃったてゆうね。そのお坊さんがなんてゆうお坊さんだかは、名前はわからんがね。

（令和5年7月22日採録）

11　城山小僧㈠

鈴木　美恵子（下区）

木を伐りに行くけども、一日や二日で終わるもんじゃないもんだから、山仕事に出かけて、山で寝泊まりしたのよ。で、まあ、七人でいくと、七という数字よりも八のほうが縁起がいいから、「じゃあ、一人、藁人形でもいいから作ろう」って言って。一人は藁人形作って、自分の生活を、その七人の人たちと一緒に、毎日生活してたわけよ。ほいで、その子、一人を作った人のことを、八公にしたのね、八人目だから。「八公、仕事行ってくるからな」で、帰ってくると、「おい、八公、帰ったぞ」って言って、まあ、人間と同じようなこの、したわけだよね。ほいで、山仕事も終わって、じゃあ帰ることになったら、そしたら、「どうする。この八公は」ということだったけども、「作ったものだから、いいや」って、その山小屋かどこか、仕事したとこへ、置いて帰ってきちゃったんだってね。

ほいで、置いて帰ってきちゃったら、まあ、それから、しばらくしたら、あの置いてきた八公が悪さをしたというだか。山の中でね、真っ白い着物着た人が出て来たり、「なんか、真っ白い、山ん中から、着物着た人が出て来たよ」とか。「なんか、人拐い（ひとさら）があったよ」とか、「子ども、一晩中いなくて、探したこともあったよ」とか、そういう話があるみたいね。

（令和5年7月22日採録）

12　城山小僧(じょうやまこぞう)（二）

山田　福利（仇山）

むかし、平木(ひらき)の上に、城山(じょうやま)っつうのは、この向かいの。そこに、山仕事にね、入って。ほいで泊まって、そのままね、仕事するわけよ。ほいで、山で仕事するとゆうとね、七人(しちにん)というのはどうも良かないって。七人(しちにん)っつうのはやっぱり。ほいで、八人にしたいとゆうことで、どうしてもそれで「七人でやるのは危険があっちゃいかんで八人にしよう」っちゅうことで。八人にするに人がないもんで、「そしたら藁(わら)人形で一つ作って、それを一人として、八人として、始めよう」っつって。そいで、城山の山の中で生活してるときに、同じ人の扱いをしていたわけで、ずーっと。ほいで、朝昼晩とご飯もあげて。そいで、無事に城山の仕事も終わって、そしたら最終的に、下りるときになって、その人形を忘れて、もう自分らだけ帰って来ちゃったと。

そしたら、その残されたその人形さんに、人間がいろいろこうそんなふうにやったもんで、精(しょう)が入ったたっていうかね、そうゆうふうになって。自分も寂(さみ)しいもんで、その城山の近くの子どもの命を拐（さら）って、山に連れてっちゃったわけだよ。ほいで、何回かそうゆうことがあったよ。そいで、探しに行って、何とかみんな、亡くなった人はないだけど、山の中の、ススキの中に置いてあったり、見つかったことがあるだよ。それでその城山小僧のいたずらだということで、城山というとこでそういうことあるもんで、小さい子どもには「城山の近くへ遊び行っちゃかん」っちゅうような謂（いわ）れはあったね。

（令和5年6月17日採録）

13 砂川(いさがわ)の七人塚(しちにんづか)

鈴木　嘉津雄（砂川）

平家の落人(おちゅうど)かなんかが、砂川(いさがわ)へ、集落へね、逃げてきたのを。七人(しちにん)の侍が逃げてきて、それを泊めて寝込んでる間に、その村人がその七人の侍の首を刎(は)ねて。で、ある場所へ埋葬しちゃったと。

その土地を私(わたくし)らがね買ってさあ、造成(ぞうせい)したわけ、茶園に。だけど、その部分だけは、その持ち主の、今は亡くなっちゃったおじいさんだけど、「七人塚」ってつって、「何かあっちゃいかん」って、「手をつけるな」って言われとるもんで、今そこだけ残ってるんだけどね。

（令和5年6月10日採録）

14　砂川の行者塚

溝口　初之亟（砂川）

砂川の、そこに清滝不動明王っていうね、不動さまがあったわけじゃんね。その不動さまの上に、行者平っていって、いい平があるわけ、ずーっと。

そこに、一人の行者がね、来て、こう、庵を結んだじゃんね。庵を結ぶっちゅうことは、掘っ立て小屋を建てたわけ。そいで修行していると、ある夜、仏前の線香の、なんだかの原因で倒れて、そこが、やがて火事になり、その庵を焼き尽くして、この砂川全体を焼き尽くしちゃって。ほいで、だんだん、この上の高塚不動まで、全体的にもう火の海になって。

ほいで、そこに、あれがあっただよね、薬師如来の仏像が。その仏像を、誰っちゅうことはないだけえが、持ってきて。それで、そこに八坂神社っていう神社があるんだけど、そこへ祀っただいね。ほいで、焼け死んだ行者をね、懇ろに、そこへ祀ってあるだよね。祠があるわけ、祀った祠が。それが行者塚っつうだよ。

（令和5年7月15日採録）

かまんどに祀られる釜戸龍王権現の祠

15　かまんどの大蛇（だいじゃ）と茗荷（みょうが）の葉（は）

溝口　初之亟（砂川）

この峯村（みねむら）のすぐ下に、**しもくん**沢っちゅう沢があって。その沢を渡ると白倉村（しらくらむら）に通じる道がある、ね。その沢を渡ると。そいで、その沢の名は**かまんど**。ほいで、人が入れない薄暗い場所で、薄暗い場所の淵になってるだね。ほんで、上（うえ）から、一の滝、二の滝、三の滝って、三つあるだよ、滝が。滝が三つあって。ほんで、古い人の話だと、その川の主（ぬし）となった大蛇が住んでいて。

その大蛇が、不思議な話があって。あの、**しもくん**沢の家（うち）に、三代前のことであるが、その日、大雨が降って。ほいで、いる人が洗濯物干したり、山へ薪（たきぎ）をこう背負（しょ）って。そいで、その帰りね、急に大雨が降ってきて、家の人が帰ってくると、大蛇が娘になって立っていたと。ほいで、その美しい娘が、言葉をかけても何にも話もせず、ただ首をね、左右に振るだけで、そのうちに、かまんどのほうへ降りてった。

それから、また数日後、その娘がしもくん沢に現れて、手振りとか何だりしてやっているようで、初めは村人もわからなくて、そのうちに、「ああ、こりゃ、この人は塩を欲しいな」ってゆうことで。ほんで、塩をやるについて、茗荷の葉っぱへ塩を包(くる)んで渡したそうです。

それから、あとで、登って来(こ)んくなったもんで見に行ったら、その淵が血で染まちゃって、いたっちゅうことでね。ほいで、その茗荷っちゅうのは、今でもこの下では茗荷は嫌って作っちゃいんでね。

（令和5年6月10日採録）

16　かまんどの大蛇と生姜の葉

溝口　初之亟（砂川）

ここら辺が峯村っちゅう集落だけど、奥から下ると白倉集落へ渡る沢がありますよね。その沢がしもくん沢っちゅう沢で、一の滝、二の滝、三の滝とあって、とくに三の滝は人を寄せつけない大きな滝だったと。で、村人は、かまんどと言っており、その淵に大蛇が住んでてね、人々が留守になると、機織りしたそうです。登ってきて、大蛇がね。で、大蛇、若く綺麗な娘になり、夕顔の葉に塩を包んで渡すと、たいへん喜んで帰ったそうです。

ある日、娘に化けた大蛇が登ってきたので、生姜の葉に塩を包んで渡すと、大蛇が、「これは辛い！」と怒り、滝の中で大暴れし、新宮池へ行ったそうです。ほいで、大蛇が怒って、新宮の池が田んぼだったもんで、田んぼを暴れまわって、沼地だった田んぼが、池になったそうです。肥えてね。ほいで、このあと大蛇は、新宮池に棲みついたそうです。

（令和5年8月6日採録）

17　砂川と大時の境決め

溝口　初之亟（砂川）

むかし、どの村もね、村と村の境を代官同士によって定められていたようですね。この話は砂川と大時の白倉間の境線を定める場合の話です。

一応、両者の間でね、話を決めておいて。ほいで、家を出るときに、各殿さまがだよ、家を出るときに出発時間。ほいで、その日の決行日を話し合って、両者が出会った場所で境を決める。ほいで、決めた時間出てかんと、取られちゃうじゃんね。そういうことで、両者がな、出会った場所で境線を決めたということでね。

ほいで、当初、時間きっちりに、砂川代官が家を出て行ったら、出発したら、急がず、焦らず、歩調を合わせたうえ、歩いていったそうです。ほいで、かなり白倉へ近づいたんですけど、白倉の代官が見えない。とうとう、自分が白倉の代官屋敷まで着いてしまったと。ほいで、ようやく起きてきた代官が眠そうな顔をしてね、「あっ、これは」、瞬きしながら、「これは、うっかり」と。

その結果ね、白倉の西側二軒が、砂川の領土になって、白倉の隣組に入れなかったわけだよね。取られちゃったもんで。

（令和5年8月6日採録）

18　しもくん沢の椀貸し伝説

榊原　旭（砂川）

それは、おじいさまの話じゃ。その、しもくん沢っていうところが、組のお日待だとかなんとかって寄るときがあるときに、それ、昔だもんで、食べたり飲んだりいろいろしただいね。わしらの小さいときはまあ、そんなことがあっただ。そいでそのときに、そのしもくん沢というところが、まあ、みんなおおぜい寄るときに、その、器だなんだっちゅうものが足らんくて。その、かまんど沢の大蛇だかなんかだかが、持ってきて、困らんようにしてくれたちゅって。

（そいだもん、大蛇はそんなことできるわけがないもんで、その近くの、隣の人だいな。その人がその黙って自分の家の物を持ってて貸して、それを黙っていたっていうことだだいな）

（令和5年7月15日採録）

19 大時の女郎松

大時の女郎松の跡に祀られる祠

尾上　良子（大時）

女朗松って言うけど、お夏稲荷さまって言うだけどね。家のね、先祖がお伊勢参りに行ったときに、帰ってきたら、そこのね女郎さんが後ついて来たって。ところが家まで来たら、家には、その男の人には奥さんもいてっちゅっかね。で、その女郎の方ががっくりして。で、この下のほうにね、松があって、そこで自殺っちゅうかね。

それだもんだから、それを家で祀っててっちゅうことで。ほいだもんでこの毎年ね、三月の十八日に、団子を作って、そこまであげいって。

（令和5年6月17日採録）

20 胡桃平の落人伝説（加藤家の由来）㈠

向山　圭一（胡桃平）

むかしの落人ちゅうかね。九州のほうから家来を連れて。この上のね、上にね、お墓があるけどね。で、その人は、九州のほうから家来を連れて、ここへ居ついたっちゅうかね。その武将、武将っちゅうかね落人の衆がね、来て、そこで祀ったちゅうかね。で、それが、九州のほうから来て、金の仏像をね、金の仏像を背負ってきて、ここへ来たってちゅうことでね。おおぜいな家来を連れてきた。ここすぐ上にね、刀の鞘がね、お堂に祀ってあって、刀があったらしいがね。

（令和5年6月24日採録）

21 胡桃平の落人伝説（加藤家の由来）㈡

向山　圭一（胡桃平）

どっか九州からその人は来たっていうだよ。九州から来て、金の仏像を背負って、ほいで家来を連れて、この上ね、来たらしいだよ。

その加藤さんが、初代のあれだもんで、生き仏ってことでさ。その初代がね、地の中にいて座禅して、お経をやって。ほいであれでね、その絶えるまで、そん地の中でお経やって、最期絶えてね。そのお墓には、暗い周りに石じゃなくて墨で、墨なら腐るちゅうことないもんで、墨を撒いてあるだって。そん中に本人が入って、ちんちんちんちんやりながら、絶えていくまで。そのお墓が上にあるだけどね。祀ってあってさ。

（令和5年7月22日採録）

22 三倉の栄泉寺と猫檀家

井口　透（胡桃平）

胡桃平で亡くなったの、人が。それで、当時は土葬だったっつうだよな。うんと大むかしだもんで。そうして組の人が、組の人たちがね、死んだ人、棺桶に入れて。棺桶っても ね、むかしは真四角のね、中に入れてさ。それで、それ担いで行ったわけ、組の衆が。

ほいたらちょうど、栄泉寺のね、お坊さんが通って、「うーん大変」だか、なんだかつったじゃないかな。でね、「その中見てごらん。人は入っちゃいんで」と、ゆうことで、言われたって。それを今度は、ほんとに組の衆が蓋開けただらな。そしたらほんとにいなんだって。

（令和5年7月22日採録）

世間話

1 通夜の怪異（祖母の幽霊）

和田　旬市（仇山）

うちの母親の、お母さんですかね、おばあが亡くなって。行くじゃないですか、孫ですから。行って、もう親戚とか組の人たちが、もう二十人ぐらいいるんだけど、その家で、ここって猪が出るから、このぐらいの秋田犬の白いのを飼ってて。ほいで、でかい犬で賢くて頭が良いから、我々がときどき行っても吠えない。ほいで、不審者が来ると吠えるんですけど、めった噛みつかないし、あれなんですけど。それ、亡くなった夜に、皆で通夜の日に、八時、七時半から八時ぐらいの間に、今でもはっきり覚えてるんですけど、家のまわりを下駄で歩く音がするんですよ。誰かが。誰も出てってない。だけど、もうちょっと不思議なのが、家があるんだけど、ここと ここは石垣があるから歩けない。だけど、下駄でカランコロンカランコロンカランコロン二周ぐらいする音がして、ほいでしなくなって、いなくなったっていうか、聞こえなくなって。で、うちの母親が「あ、おばあが別れを言ってる」、歩いてる。それで、昔の家って母屋があると、トイレが外なんですよ。なんにもないのに、ぽつんと外にあって。夜だと、田舎だから暗いじゃないですか。玄関出てって、こっちからガラス戸開けて、玄関出てってトイレに、今度は裏口から入ろうとそこへ出てきたら、ここにいる。人がいるってのはわかるけど、顔まではわからない。気配っていうか、明らかにここにいる、っていうのを感じまして。ほいで来て、皆に、「今、ここの裏口のとこで、ここにいた」って言ったら、皆が「あ、それおばあだ」って。なんにも怖いもないでしょ。「おばあだ。だから、おまえに挨拶をしたんじゃないのか」って。それ言われたら、別に怖くなくなって、だから手を合わせて。

（令和5年6月17日採録）

2 気田川のザーザーの怪（水死者の霊）

気田川の「ザーザー」と呼ばれる堰

和田　旬市（仇山）

この奥の、気田の街のところから、やっぱり川があって。で、「一人で行っちゃいけないよ」って言われてたんだけど、あまりにも魚たくさんいるから獲り行って。夢中になっているときに、まあゴム草履なんて良いもんじゃねえな、藁草履だな。流れそうになったもんで、こうやってやって下の方こうやって見てて。またむきになって、そしたら、カバって掴まれるわけ。俺、動物だと思ったの。で、まず魚を獲るに夢中になってて、気がつかなくて、ひょっと見たらさ、こうやって指見えるわけよ。「あ、やばいなあ」と思って、「えー」っと思って振り返ったらさ、このぐらいから、下からこうやって泥の中から手が出てくるの。そーれでもう一気に、パーッと舞い上がっちゃって、逃げて、近くの家、知り合いのところまで行って。「いやあ、実はさ」。「お前、どこで魚獲ってただ」って言うんで、しかじかそういうとこの、あのザーザーのせんのところでって。「『一人じゃ行っちゃいけない』って言われなかったか」って言われた。「なんで？」って言ったら、「あそこな、むかしな、女の人が水害で流されて、ついつい見つからなくて、一人で寂しいから、子どもが一人で遊びに来ると友だちになりたくて誘いにくるんだ」って。そこで、初めて聞くわけよ。「えー」っていって。

（令和5年7月8日採録）

3　三途（さんず）の川（かわ）

鎌倉　実代子（仇山）

年寄りの九十六のおばあさんの、妹ったかな、誰だか忘れたけど。とにかく身内だよ。その人がお産をして。で、難産だったんだって。難産で。ほいでまあ、赤ちゃん無事に産んで。お母さん難産だもんで、ちょっともうね、どうなるかって状態じゃんね。その子はお母さんが死んじゃってるもんで、自分一人で産んだわけじゃん。お母さん、亡くなっちゃってたもんで。自分で、産んだわけじゃん。だけど難産だもんで、自分も瀕死の状態じゃんね。

後で聞いたら、そのお母さんが川の向こうにいるんだって。んで、「お母さん！お母さん！」って呼んでも、一向に振り向いてくれないんだって。で、そのうちに「お母さん！お母さん！」って呼んで、行きたくても、お母さん振り向いてくれんし、川があるもんで行けなくて。そしたら、そのうちお母さんが消えちゃったで、この人、気が付いて。生き返ったってゆうか、精（しょう）が付いただって。そしたらそのお母さんが振り向いて、「ほら、おいで」って言（ゆ）えば、たぶん連れて行かれちゃったかもしれんね。そうゆう話を「ほんとのはなしだよ」っつってね。やっぱ三途の川があるってゆう感じで。とにかく川の向こうで呼んだときには、こっちで「何々さん、何々さん」って呼ぶと、振り返って川を渡らんくなるもんで、もう渡っちゃうとだめみたいって。

（令和5年7月8日採録）

4 火(ひ)の玉(たま)（一）

酒井　幸平（上区）

俺、初めて見た。夜、十一時頃。ほいでね、すーっと、瞬間はさ、怖いっていうとかじゃなかったんだよ。一瞬ね、綺麗(きれえ)だなって思ってたらね、こういう赤から青から一定の丸い玉で、すーっと出て行って。ほいで、まあ、今の感覚で言(ゆ)うと、二メーターぐらいは消えてる。その後(あと)、また火がすーっと出て。

それでね、熊切診療所(くまきりしんりょうじょ)ってとこがあるですよ。そこに医者があってね。それで、御嶽(おんたけ)さまっていうのがあったじゃん。その人が、そこの一番の、何て言(ゆ)うんだ、親じゃなくてな、女の、行者(ぎょうじゃ)の一番トップの人が入院しただね、診療所へ。ほれで、亡くなって。

起きたときに聞いてみて、ほうたらね、火の玉が出た時間とそこへ入ったのは、入ったところまでは僕、真ん前だもんで、見えただよ。それね、時間が一緒。亡くなった燐(りん)が、その御嶽さまへ戻ったって。魂(たましい)が病院から出て行って、自分の家(うち)へ戻ったって。

（令和5年5月27日採録）

5　火の玉（二）

渡辺　正子（中区）

うちのおじさんもね、母親が死ぬときね、学校から帰ってくるときに火の玉見えたって。三人ぐらいでね、帰ってきたけど、「ああ、火の玉だあ」ったら、他の衆は「どーこに」つって見えんだって。ほいで、「ほれ、そこに火の玉見えるじゃないか」って。火の玉、歩いてくと見えるだって。ほって、その夕方ね、お母さんが死んだって電話があった。

（令和5年5月27日採録）

6 火(ひ)の玉(たま)㈢

岩間　百合子（砂川）

親戚(しんせき)の家(いえ)行ったときに、「おじさんが亡(な)くなったよ」って言(ゆ)ってね。そのときにお母さんと一緒に行ったら、すぐ家(いえ)のそばが竹藪(たけやぶ)だったんで。そしたらね、火の玉ちゅうかね、なんか赤ーく、これぐらいの明るい火で、あれがこうふわふわ舞ってね。あれ、竹藪のそこへ来て「ああ、いや、怖(こわ)ーい」って言(ゆ)ったら、「おじさんがね、『ああよく来てくれた』っつってね、魂になってね、迎えに来てくれたんだよ」ってお母さんが言(ゆ)ったの。それで火の玉だっつったもんで。それから、そういうのをちょいちょい聞いたね。そういうのが出るとかって。

（令和5年6月10日採録）

7 天神森の狐火

山田　福利（仇山）

天神森ってゆうだよ。この向こう、あそこ天神さまってあって。ほいで、あそこちょっと林になってて、天神森っちゅうだいね。今でこそ、山へ手を入れんもんでね、木がこんな茂っちゃったけど、あの時分はそれほど茂ってないし、綺麗に見えただよね、山。そこではよく狐の火ってゆうの見えたよ。そりゃ近所の衆でみんな見たもんで、おらの年代の衆は知ってるわけだいね。「おぉい、今日も燃えてるぞ」っつうと、「どれどれ」なんつって、みんな出てきて見たで。あのときは狐が自分の傍で騙してるっちゅうだけどね。そいで、傍で騙いて、向こうで見えるようにしてるってゆうだよね。向こうで火をつけて騙してるじゃなくて。近くで騙しとるって、その衆をね。ほいで、言うことみんな一緒だ。「あぁ、一つだ。今度は二つになった。いやー三つになった」ってみんな同じように見えるだで。みんな同じように騙してるだよね。ありゃ、不思議だったね。

（令和5年7月8日採録）

8　狐に化かされた話（油揚げをとられる）

山田　福利（仇山）

騙す狐がいただよ。それがね、よく油揚げを買って、弁当箱の中へちゃんと詰めて、風呂敷でちゃんと縛って、自転車のハンドルへ縛って。ほいで、うちの親父、酒飲みだもんで、それを買って、自転車で帰ってくるとき、「狐が足に絡んで絡んでしょうがない」って言ってさ。ほいで、家に来て、ほいで、風呂敷に弁当箱、中入れちゃって、風呂敷でぐるっと包んで、きゅっと縛ってあるのに、中の油揚げ食ってあるだよ。あれだけ不思議だっけなあ。

（令和5年6月17日採録）

9　狐(きつね)に化(ば)かされた話（蕎麦踏(そばふ)み）

山田　福利（仇山）

むかし、あそこの、この集落へ入る手前のところで、今、こっちから行くと、一番向こうに倉庫が立ってるけどね。すぐそこのこっちに畑で、ちょうど九月ごろ、蕎麦畑(そばばたけ)で蕎麦あってさ。それ俺らが子どもの時分(じぶん)だよ、子どもの時分。そいで、そのすぐ上の人がさ、騙(だま)されただいね。こう、着物をっちゅうか、あの時分には男も着物をっちゅうか、そうゆうの着てたもんで。それで出て、こう、腰まで捲(めく)りあげてね。水の中立ってるようなつもりで、「深いな、深いな」ってずっと蕎麦畑を踏んじゃっただよ。蕎麦がだめになっちゃっただよ、全部。「深いな、深いな」っつって、水の中立ってるようなつもりで。そうゆうことあったたっけね。

（令和5年7月8日採録）

10 狐(きつね)に憑(つ)かれた茶摘(ちゃつ)み

津金　む津江（上区）

お茶が忙しい時期、五月の一番手で忙しくて、むかしはお茶摘みさんっていたんですよ。お茶摘みに来て頼まれる。で、そこでお茶摘んでたら、その、手伝いに来て。で、手伝ってくれたんだって。そしたら、そのときに、誰もいないのに「さあ、も一回入りますよー」とかいろいろ言(ゆ)って。家(うち)に来て、もう皆(みんな)いるのに、「もう帰ります」とか、声かけていたみたいなんですよ。で、家(うち)行って、ご飯食べていろいろ。

だけど、そうしたら、そんときさ、あの、踊ってる。皆(みんな)で。そういう忙しい時期に踊っちゃってて、お茶摘みできないじゃないですか。近所の人たちが、その人に出てってもらったっていうけど、でも、何日か踊っててね、家族が。その女の人、狐を連れてきてるんじゃないかって。

（令和5年8月6日採録）

11　狸に化かされた話(一)

大嶋　一暢（中区）

ここずーっと行った勝坂の、そこの神沢だに、勝坂行く途中に。その時分にはそんなに道はなかったけど、こっち側に森林鉄道があって。そこで勝坂行くまでに沢があって。神沢っちゅう名前の沢があって。それずーっと上、上がったところに山小屋があって。そこで泊まって仕事やってたの。

そのときの話でね。がやがやがやがやがや、音がしたもんで、皆に、山小屋へ帰ってから、「今日おおぜい登って来ただな」っつったら、誰も皆「知らん」って。ほいで、古い人が、「それはおまえ、狸に騙されただ」って。狸が木の株へ乗って、いろいろな音を出すっつうの。そうゆう話は聞いたの。がやがやがや聞こえたね。人がおおぜいしゃべるよな。ほいで、狸に騙された。

（令和5年7月15日採録）

12 狸(たぬき)に化(ば)かされた話 (二)

原山　二美子 (砂川)

子どもの頃に、縁側で、縁側に夕方いたら。ほいで下の山で、下の山に。家の下、山に囲まれてる家だもんで。家(うち)のここら辺(へん)はこうゆう急傾斜っちゅうか。だもんで、山下に建物がある下の山のほうで聞こえたの。その、木が倒れてく、ばりばりばりーって倒れてく音がして、どっすーんって、こう、ほんとに地面に倒れた音が聞こえた。それが、「今の音何?」って聞いたら、親に聞いたら、そしたら「狸が音出してるだよ」って。

(令和5年7月15日採録)

13　何(なに)かに化(ば)かされた話(はなし)

向山　由美子（胡桃平）

むかしのね、実家の母がね。実家の杉(すぎ)っちゅうとこだもんで、山の上のほうからね、なんか仕事行って帰りに、自分の家(うち)があるの見ただって。そしたら家が、ボウボウ、ボウボウ燃えてるもんで慌(あわ)てて帰ってきてね。そいで、半鐘(はんしょう)も鳴ってただって。カンカン、カンカン。そいで、来て、そしたら、それ、火が消えててね。そんで騙(だま)されただよ。どっか近くにいただよね、きっと。狸だか狐だかはわからんけどね。で「騙されちゃったやー」って、ねぇ。騙された、本当に火事なんてなかったってゆうの。そんで人がこう、皆(みんな)おおぜい寄ってね、わーわーわーわー言(ゆ)ってるのが、見えたり、聞こえたりしたってゆうなんでおかしいじゃんね。聞こえたって、わーわーわーわー言(ゆ)ってるのが。みんな一緒になってねぇ。ほんだで、そばに居たっけだかもしれんよ。狸だか。

（令和5年6月24日採録）

14　かまんど沢のこぼっちょに憑(つ)かれた話

花島　良二（砂川）

俺(おら)、子どもの時分(じぶん)になあ。下のえいちゃんもそうだ。この下で何かに騙(だま)されて。こう、変になったっけよ。下の、俺(おら)と一緒のえいちゃんってあるら。この下の道通(かよ)ってだだよ、学校へのお。こっちに登ってくるのえらいもんで、下で道あったんもんで。そのときな、ちょっと変になったっけや。あのえいちゃん、何かに、こぼっちょに、とっ憑(つ)かれただか、何だかって言(ゆ)ってんのお。俺(おら)が小(ちい)ちゃい時分だもんで。さこぼっちょっているでのお。それが騙しただか何だかって。これっぱかのやつだでのお。こぼっちょって、いるだよ、この沢に。俺(おら)ね、変わったって言(ゆ)ったっけもん。これがきっと、むかしの衆言(ゆ)ったさこぼっちょだかなあと思ってのお。

（令和5年6月10日採録）

15　城山小僧（じょうやまこぞう）にさらわれた子ども

岩本　秀彦（下区）

小さいときに聞いたけど、城山小僧。向こうの集落に平木（ひらき）って集落があって、むかし田植えをやってて、子どもがね、一緒にいて、夕方になっても帰ってこんということで、むかしは提灯（ちょうちん）つけて探し行って。山の上まで行って、城山ってとこで、そこに、うずくまって子どもがいたもんで、帰って皆（みんな）来てから、「一人でどうやって行った」ってったら、「お猿（さる）さんにおぶってもらって行った」と。そういうこと聞いただね。

それから、その集落の人たちが、子どもらに、「夕方、外に遊びに出ちゃいかんよ」と。「城山小僧が迎えに来るぞ」ということは、俺（おら）聞いたことあるだね。

（令和5年6月10日採録）

16 城山小僧にさらわれた少女

山下　國昵（中区）

田んぼでね、田んぼであるとき、女の子が三歳くらいじゃないのかな、田んぼで親たちはね、お百姓してたてね。そうしたら、「娘がいなくなっちゃった」って言って。それで、もう、集落こぞって捜査してね。それで、あのとき、三日だか四日って言ったかなあ。そうしたら、平木の城山っつってね、あの、木にね、木の高いところにね、三歳の子どもたちが木に掴まってたって。そいで、その子どもさん助けられたって。でも、長生きできなかったらしいですね。

（令和5年7月15日採録）

17　ホッチョ婆(ばあ)

向山　圭一（胡桃平）

　夕方ね、夕方、山の帰りだか、仕事っちゅうか、街に行った帰りだか、その道を歩いてきて。もっとむかしだもんで狭い山道だね。で、ずっと来ると、その途中から人が、おっ被りした女の人が、歩いてたと。それで、歩いたが、呼びかけも何もないがずっとついてきたっていうことだけね。そいで途中で、ふいと振り向いたらね、どっか行っただかなんだか知らんだけどさ、その人がいなくなったと。ほいで、おっ被りして、格好(かっこう)がね、毛がたらんとしていた、女の人だった。その人おっかなくなっちゃってね。で、急ぎ足でこっちへ、胡桃(くるみ)平(だいら)へ帰ってきたということで。そんな話をその人から聞いた。

（令和5年7月22日採録）

18　半信行(はんしんぎょう)、逃(に)げろ

木下　二郎（上区）

ほいでおじいちゃんに聞いた話、もう一つあるだよね。山小屋(やまごや)にいたときにね、なにか、念仏を、こう覚えようと思って、念仏。そうしたらね、「半信行、逃げろ。半信行、逃げろ」ってゆう声が聞こえるんだって。その半信行の半っていうのは半分の半。半信行だから、中途半端に覚えるような、その半信行ってゆうのはたぶん俺のことだと。半信行と。中途半端に習い始めて、覚えようとしてる自分が半信行なんだと。ほで、そのあとに「逃げろ」って。「半信行、逃げろ。半信行、逃げろ」ってゆう。「こら、なんか変だな」と思って、場所を移したら、そこへ上から巨大な石がね、ぐわあ、通(とお)ったっつう。それもおじいちゃんが言(ゆ)った。「半信行、逃げろ。半信行、逃げろ」って言(ゆ)った。でも、俺いまだにそのおじいちゃんの話は信じるだよ。「半信行、逃げろ。半信行、逃げろ」って言(ゆ)う。「おかしいなー」っと思って移動したら、そこへ石が、巨大な石が落ちてきた。

（令和5年5月27日採録）

19 秋葉山の祭日の禁忌

嶋口　淑容（郷島）

秋葉山のお祭の日、十五、十六。あの日に山仕事をしちゃいけないって、なんか言われてて。

ほいでその、おじいちゃんが山仕事が上手な人で、秋葉山のお祭に山仕事をしたらやっぱり木にあたって亡くなっちゃったって。まだ自分の父親が小さい子どものころ、お祭の日に山行って木こりしたら、やっぱり事故で亡くなっちゃったって。秋葉山のお祭には山行っちゃかんって。それは聞いて。なんでおじいさんいないのかなって、ねえ。在所に行ってもおばあさんはいるのにおじいさんはいない。この前ふっとお葬式でさ、「なんで亡くなった」って聞いたら、そんな話を聞きました。

（令和5年5月20日採録）

20　赤い飯

山下　國昵（中区）

姉が夕飯の支度をしとったら、真っ赤なご飯が。それは事実です。僕見ましたから。本当、それこそ、桜ご飯ってゆうかね、お醬油で炊いたような、赤いご飯だった。それで、びっくりして。ほいで、御嶽さんに聞いたら、神様のお知らせだと。火の神が知らせてくれたと。「そのまま置いとくと火災が起きるから」ってお清めをしてもらって。で、「そのご飯はけっして食べてはいけない」っつって、そのご飯を持ってって、御嶽さんで清めていただいて、そいで御嶽さんで処分していただいたんですけどね。

（令和5年8月5日採録）

言い伝え

1　門松を飾らない風習

松井　公雄（郷島）

なんか、その、門松を作ってたときに、なんか目とかなんとか怪我して、この集落の方が。それから郷島は、この地内は、門松を飾らなくなった。やめたって。

（令和5年8月5日採録）

2　天神森の一つ目小僧

勝田　敬子（中区）

平木と里原っていう集落の間に、天神森だったっけね、天神森。ちょっと暗ぼったくてね、なんか陰気な感じがする場所があるんですけど。そこの向かいの山に一つ目小僧が。やんちゃしたり、親をきっと困らせるとっていうことでしょうね。困らしたり、泣いてわめくと、「一つ目小僧がさらっていく」って。

（令和5年5月27日採録）

3

天神森(てんじんもり)の化(ば)け猫(ねこ)

天神森

渡辺　正子(中区)

天神森は黒い猫が出て、夜、暗くなると出て、皆(みんな)ね、化かすって。いたずらしたりなんかするもんで、皆(みんな)怖がって、「あそこは通らんほうがええ」って言(ゆ)って。それ皆(みんな)の言い伝えで、「あそこ天神森は、暗くなったら通っちゃいかんよって」言われてるもんでね。

(令和5年7月15日採録)

4　もうこんが来る

上平　一馬（下区）

「もうこんが来る、もうこんが来る」ってね。子どもら、「あんたら遅くまでやってたら、もうこん来る、もうこん来る」って、子どもらに言ったのは、ずーっとたどると、蒙古来襲で。国が、日本が滅びる、蒙古がやって来て滅びるっていうのの言い伝えがだんだん来て、「もうこん来る、もうこん来る」っつって。子どもら、とにかく遅くまでいると、「もうこん来る」っつって家に帰らせただね。

（令和5年6月10日採録）

5　金川のお稲荷さまの霊験（一）

渡辺　正子（中区）

お稲荷さん。あそこんとこは必ず出るで、失くなった物。ほんでね、あれ行くときはね、あそこんとこの拝むで、「出してくれたらかならず、お稲荷さん、油揚げ持って行きますんで、出してください」って言うとね、かならず出るでえ。さっきそこ探してなかったのに、そこで見るとそこに出てくる。ほいだもんでね、油揚げ持ってね、行ってくる。金川っちゅうところの、気田と篠原の間んとこ、ちょっと高いとこに山があるね。みんな言うだね、ほんとに出るで、お稲荷さん。

（令和5年7月15日採録）

金川のお稲荷さま

6 金川のお稲荷さまの霊験㈡

高矢 力（金川）

お稲荷さんってほら、失くし物があるとだいたいここ行くじゃん。どこもそうだよね。お稲荷さんって、なんかあると。あの、車のキー失くしちゃったっつってさ。しばらく探してないもんで、お稲荷さん行ってお願いして。そしたらそれが翌日に出てきて、そしたらお稲荷さんへ油揚げ持ってくだよ、狐の好物。なんか失くし物するとだいたいお稲荷さんへお願いに行く。そうすると、だいたい出てくるっちゅうだいね。

（令和5年5月20日採録）

7 気田の咳地蔵

気田の咳地蔵

木下　二郎（上区）

俺の聞いてる話では、ずーっと家の先祖の、家は家系が呼吸器系がよくない家系で。で、その亡くなる寸前に、「お地蔵さんを祀ってくれ」って。「すれば、将来、後々みんなを、俺が守ってやる」みたいな、そういう話だったと思うだけどな。

赤ちゃんのよだれかけをいっぱいぶら下げてあるだけど、それを、そのお礼の印に「ありがとう」ていうのをやってくれれば、直してあげるみたいな、そんなような話だった。

（令和5年8月6日採録）

8 里原のいぼ地蔵

里原のいぼ地蔵（手前の石に水が溜まっている）

梅谷　誠利（仇山）

あそこのね、その山のとこに林道があるだけど、そこにいぼ地蔵なんてあってさ。そのいぼ地蔵の、水が溜まるようになってるだよ。その水を、いぼがあるところに付けると治るっちゅう。うちの息子治ったわそれで。本当に。

（令和5年6月17日採録）

9　春埜山（はるのさん）のお犬（いぬ）さま

春埜山大光寺と両脇のお犬さま

津金　む津江（上区）

春埜山って、あの、狐落としっていうのかな。それで、皆（みんな）こう、取り憑（つ）かれた人たちが皆（みんな）お参りに来て。そして、その犬を借りてくっていうのかな、そこから。そして、帰るときに振り返ると戻っちゃうから、そのお犬さまが。家（うち）まで、とにかく振り返らないで家（うち）まで帰らないといけないっていって。そして今度は狐憑（きつねつ）きが治ると、かならず皆（みんな）お礼参りに行くって。

（令和5年8月6日採録）

10 大時(おおとき)の八坂神社(やさかじんじゃ)の禁忌(きんき)（花火(はなび)）

大時の八坂神社

尾上　良子（大時）

なんかね、私来たときももうやらなかったと思うんだけどね。なんか、お祭りでね、なんかね、花火を上げたけどね、花火上げて、火をつけても上がらなかったとかっていう話は聞いたことがあるだけどね。

（令和5年7月8日採録）

11　八天塚（はってんつか）の雨乞（あまご）い

溝口　初之亟（砂川）

八天塚ってあるだよ。木の向こうに。そこにね、頂上（ちょうじょう）付近（ふきん）に二畳（じょう）ぐらいの平（たい）らな場所があるわけ。それは雨乞いの神さまを祀ってあるだよ。ほいで、あそこの集落の人が、一年に一回ね、あのー、今はもう、人が少なくなったもんでどうか知らんけど、雨乞いをね。雨乞いの神さまを祀ってあるもんで。そこへ、一年に一回、行くだよ、みんな。

（令和5年7月15日採録）

12　高塚山の不動さまの七つ石

原山　二美子（砂川）

高塚のてっぺんに不動さまって言う、祀ってる祠があって、不動さまっつって。そこのね、不動さまがこうあるら、祀ってて。で、この、ずーっと周りに七つの石。ただの普通の石をこう、ね、普通の石を置いてあるだけなの。それを一つ一つそれ神さまだってねえ。そいで「しちゃいかん」て。踏んづけたり跨いだりすると罰があたるって。

（令和5年7月15日採録）

13　鴉の知らせ

辻本　富江（下区）

家の近所で鴉が鳴いてて、普通の人には、みんなには聞こえるんだけど、何かがある人には聞こえない。だからその、鳴きかたが聞こえない人には、なんか災いが起きる。その鳴きかたも、普通に鳴くじゃなくて、なんか変な鳴きかたするよね。そうすると、その人に「災いが起こるから気を付けて」っつって。だけど、聞こえてないっちゅうのは、その人にはわかんないじゃんね。ほいで、誰かと話してて、「昨日、鴉鳴き悪かったね」っつって、「ええ？」なんて言うと心配になってくるだよ。

（令和5年7月22日採録）

14　蜂の巣の予兆

蜂が高いところへ、木の高いところへ巣を作ると、その年は大水が出るって。ほんで、蜂が下のほうへ巣を作ると、火事になるで、火事になるって、火事に気をつけよっていうのは、よく昔の年寄りから、よく聞いた。

渡辺　正子（中区）

（令和5年8月5日採録）

15 盆には川に入ってはいけない

鎌倉　実代子（仇山）

お盆はいけないっていうね。お盆はだから死に人が、亡くなった霊が帰ってくるじゃん。そうすると霊が足を捕まれるんだって。そうすると、溺れて死んじゃうとか。そうゆうふうな言い伝えがあるもんで、お盆は極力、八月の十何日は泳がんようにしてる。

（令和5年6月17日採録）

16　山仕事の禁忌（鉄砲汁）

大嶋　一暢（中区）

「味噌汁にね、具が入ってないのを飲んではいけない」っつって。そうするとねぇ、鉄砲汁っつってね。それ流木っつうか、川でね、雨が降って、材木が流れちゃうで、「そういうのはいけないいだな」っつったよ。味噌汁に具が入れてないと、鉄砲汁っつったの。それを飲むと材木が流れてしまうで。

（令和5年5月27日採録）

17 山仕事の禁忌（汁かけ飯）

上平　一馬（下区）

十五歳でさ国有林入って。全国から来たの。四国、岐阜県、ほいで川根んところも。働き手が。ほいで、こうゆう共同生活でご飯を食べて。ほいで、十五の何にも知らん。で、隣の人がね、味噌汁をご飯にザーッとかけた。ほんでね、あの、かけこむで、皆意気込んで食べちゃりしたんね。そしたら、その前にいた人がね、「今日は俺仕事を休む」って。

結局、かけるっていうことはね、かけるもんで、人が欠けるとか、亡くなるとかいう意味で言ったと思うだよ。人が欠けるって。それだもんで、汁かけ飯をするじゃないって。

（令和5年6月10日採録）

18 魚釣り(さかなつ)の禁忌(きんき)(梅干し(うめぼ))(一)

嶋口　仁（郷島）

魚釣りに行くときは、おにぎりに梅干しを入れちゃいかんとかね。干される、っていうあれで、そういう意味で縁起を担いであれじゃないかな。中に梅干しを入れると、釣り行っても、干されるちゅうことは、釣れないっていう。漁が上手(うま)くできないっていう。そういう言い伝えでさ。お袋(ふくろ)がよく、そうだから、「梅干しはいれんぞ」とかってよく言(ゆ)って、お袋が言(ゆ)ってたね。「ダメだ」とか言(ゆ)って縁起を担いでた。

（令和5年8月5日採録）

19 魚釣りの禁忌(梅干し)(二)

木下 二郎(上区)

ああいう魚捕りなんかは殺生って言うだよな。鉄砲もそうだけど。その殺生にでかけるとき、握り飯の芯は梅干しはだめだよってのはよく言った。あの梅干しってのは、魔を除ける、悪いことを避けてくれる。だから、梅干しの芯で殺生に行くと、悪いことを避けてくれるかもしれんけれど、魚も捕れんくなると。だから魚釣り行くときには握り飯の芯の梅干しはタブーだって。

(令和5年5月27日採録)

20 蝮除けのまじない（蕨の恩）

鎌倉　実代子（仇山）

春になって一番最初出た蕨。あれを採って、蝮に「この蛇ー、こら蛇ー」。蝮に食われない方法だに。噛みつかれない方法だに。「こら蛇ー、この恩を忘れたかー」って言って、その蕨の花粉を体中振りかけるんだって。そうすると蝮に食われないんだって。で、それを話してくれた人に、「ほんとにそれで蝮来んかった？」って言ったら、「ああ、そのおかげだか知らんが、わしゃ今年は一回も見んっけよ」とかって。そうやって言ったに。

（令和5年7月8日採録）

21 白倉膏薬（しらくらこうやく）

溝口　初之亟（砂川）

大時出る手前に下へ降りる道があって、その下へ下ると白倉っちゅう集落がある。それはいちおう大時の集落だよ。あそこは半分は砂川の領土で半分は大時の領土。それはむかしの殿さまが寝すぎて領土を取られたっていう話ね。

で、そこに、砂川の領土のとこに白倉っちゅう膏薬屋（こうやくや）があっただよ。その膏薬屋っていうのはね、その膏薬を作ってここら辺（へん）まで販売に来たわけ。その膏薬の秘伝（ひでん）はね、教えてくれないだよ。

ほいでその膏薬っちゅうのはね、なんかむかしは人間の骨で作ったようなな。わからんよ、人の話だもんで。秘伝だもんで。そんなので作ったような話をする人もいたっけ。

白倉膏薬を製造していた白倉家旧邸宅

（令和5年12月9日採録）

地域解説

気田（けた）（上区（かみく）・中区（なかく）・下区（しもく））

藤井　七海

王子製紙と気田の街

気田地区には六つの自治会があり、気田川の上流から順に郷島（ごうじま）、金川（きんがわ）、上区、中区、下区、仇山（あだやま）と続く。そのうちの金川から上区、中区、下区にかけては春野町きっての商店街が形成されている。郷島、金川、仇山は他に譲り、ここでは上区、中区、下区の街並みについて解説したい。

明治一八年（一八八五）の旧気田村（郷島、金川、上区、中区、下区、仇山）は九九戸が点在する静かな山村であった（『春野町史　資料編三』）。しかし、王子製紙はそれまでの村の様相を一変させた。工場の建設地に気田が選ばれたのは、気田川上流の広大な森林に木材パルプの原料となる樅（もみ）や栂（つが）が豊富だったこと、流れが穏やかな気田川の舟運は製品の出荷に適していたことなどが理由だったという。明治二一年（一八八八）に気田工場の建設が開始されると、六〇〇人ほどの職工が工場の建設に従事し（『春野町史　通史編　下巻』）、村は日を追うごとに賑わいを増していった。明治二二年（一八八九）には工場が操業を開始し、気田は近代日本における木材パルプ発祥の地となった。

明治二〇年代になると紡績業が発展し、それに伴って紡績糸用の包紙の需要も急速に増大していった。また、明治二七年（一八九四）の日清戦争の勃発によって新聞の発行部数も激増し、紙の需要はさらに高まった。そうした時代を背景に気田工場ではおよそ三〇〇人もの従業員が働くようになった。東京の本社や県外、村外から来た従業員には工場の近くに社宅が設けられた。一般の職工の社宅は三世帯で一棟の長屋であったが、管理職には戸建ての社宅が用意された。一般職工の家庭では戸建ての社宅が憧れだったともいう（木下恒雄『白帆が上ってる 王子製紙工場物語』）。気田工場の設立から八年後の明治三〇年（一八九七）の気多村では、工場の設立以前と比較して、およそ人口で三〇〇人、戸数は二〇〇戸も増加している。

気田工場が設立されたことにより、気田の街に食料品店や日用品店、旅館や娯楽施設など多くの店が建ち並ぶようになった。芸妓の置屋が二軒あり、毎晩のように宴席が開かれたという。そうして気田には都会的でハイカラな文化が入り込んできた。明治三〇年頃、岩本雑貨商店や弘栄堂薬舗では舶来の煙草や洋酒も並び、王子製紙の購買部では東京の三越百貨店から取り寄せた洋菓子が販売されていた。

大正一一年（一九二二）に王子製紙気田工場は操業を停止した。気田川の度重なる氾濫による工場の停止や機械の老朽化、そして原材料である樅や栂を伐り尽くしてしまったことが主な原因であった。大きな働き口を失った気田では人口が減少し、それに伴い商店の数も減少した。

しかし、王子製紙の従業員の中には工場が撤退した後もそのまま気田に残った人たちがいた。現在の気田にはそうした人たちの子や孫にあたる世代も多く暮らしている。

気田営林署と気田の暮らし

王子製紙の撤退後、気田の街では人口が減少し、かつての賑わいは失われつつあった。当時の気田の暮らしを調査した橋浦泰雄によれば「全村民が破産状態」に陥っていたという（橋浦泰雄『郷土生活研究採集手帖』、一九三四年）。しかし、戦後の国有林事業によって気田は活気を取り戻すことになる。

明治四二年（一九〇九）に設置された帝室林野管理局気田出張所は、昭和二二年（一九四七）に帝室林野局が廃止されたことにより東京営林局気田出張所へと改組・改称される。気田営林署の庁舎は昭和四〇年（一九六五）に新庁舎が完成するまで気田中区にある気田出張所の庁舎が引き続き利用された。

戦後の復興により昭和二〇年代後半から三〇年代にかけて木材の需要が高まり、国内の林業は盛り上がりを見せた。気田営林署での国有林事業もその盛況に乗じ、昭和四三年（一九六八）には最盛期を迎える。当時、気田営林署では約四〇〇人もの職員が働いていた。気田の市街地には、四〇棟ほどの官舎が用意され、また、単身者用の寮も設けられていた。単身寮では頻繁に酒宴が開かれたといい、署長のはからいで署長官舎に招かれて酒席が設けられることもあったという。

営林署が活況を見せた時代、気田商店街には飲食店、日用品店、酒屋、パチンコ店などが立ち並び、割烹旅館、洋品店、自転車店、ふとん店なども営業していた。理髪店にいたっては七店も営業している。昭和四一年（一九六六）には時計店が開業した。当時、時計は高級品とされていたが、営林署の職員たちによって店は繁盛したという。昭和四〇年（一九六五）には市街地三区におよそ一五〇〇人が暮らし、街は活気に溢れていた。

現在では、さすがにかつてのような活気には程遠いが、それでも春野町きっての商店街として町の暮らしを支えている。飲食店や寿司店などには地域住民が集い、交流の場にもなっている。近年では明治以来の老舗割烹旅館や古民家をリノベーションしたカフェもオープンし、町外から訪れる若い世代にも人気がある。気田バイパス（国道三六二号線）沿いにはコンビニエンスストアや衣料品店のほか、最近は大手スーパーマーケットも進出している。

気田の祭り

毎年一〇月の第三金曜、土曜、日曜日には気田の南宮神社の例大祭が催される。祭礼の目玉は気田の街を曳きまわされる豪華な六台の屋台である。気田の街路には篠原の山王社、金川の金勢社、気田の上組祭典と中栄社、仇山の山栄社、平木の八幡連が集結する。三日間を通してそれぞれ自慢の屋台を曳きまわし、街は多くの見物客で賑わう。気田商店街では、すでに廃業した店舗でさえも祭りの間はシャッターを上げ、知り合いを店に招き入れる様子が見受けられる。祭礼では屋台の曳きまわしの他に、神輿の渡御や仮装大会なども行われ、一カ所に屋台が集合する「練り」では街の熱気は最高潮に達する。その活気からはかつての商店街の繁栄が偲ばれる。

祭礼の賑わいは当日だけではない。社中によっては祭礼の一ヶ月以上も前からお囃子の練習が始められる。気田を離れて暮らす人たちも週末ごとに帰省し、練習に参加するという。

かつて、祭礼では各社が対抗心を激しく燃やして屋台の優劣を競い合い、しばしば喧嘩沙汰にまで発展したという。その頃は他の会所で酒を飲むこともタブーとされていた。子どもたちはおとな以上に対抗心を剥き出しにして、祭りの前になると他の社中の友だちとは口をきかなくなったという話もある。もちろん現在ではそうした乱暴な競い合いは薄れ、大きな喧嘩もなくなった。他所の会所に立ち寄って酒を飲む姿も見受けられ、祭礼は大切な地域交流の場になっている。

南宮神社は気田下区に鎮座し、金山彦命を祭神とする。天正一四年（一五八六）の棟札には「奉下自高野山南宮御本地聖観音」とあり、慶長一一年（一六〇六）の棟札には「気多村南宮大明神」と記されている。明治の神仏分離令まで、南宮神社は南宮大明神と呼ばれ、神体として聖観音を奉祀していた。南宮神社の例大祭は昭和四〇年前後まで一〇月一七日、一八日に執り行われていたが、月の一八日は「観音の縁日」として知られる。

明治に入ると新政府によって神仏分離政策が推し進められるようになった。それにより全国各地で廃仏毀釈の動きが盛んになる。春野町内でも幕府領であった川上などでは激しい廃仏毀釈が行われたが（『春野の山のふしぎな話』参照）、掛川藩領であった気田村では、それほど激しい廃仏毀釈はなかったようである。南宮神社の例大祭は、南宮大明神の神体であった聖観音の縁日を受け継いでいるのだろう。橋浦泰雄の『郷土生活研究採集手帖』によると昭和初期には気田で観音講が行われていたともいう。

近年、金川の金勢社では屋台を曳きまわす人手の不足が深刻化し、令和五年（二〇二三）の祭礼では参加を見送った。同年の祭礼で曳きまわされた屋台は金勢社を除く五台であった。現在、来年度の参加を検討している屋台もあるという。それでも南宮神社の例大祭と屋台の曳きまわしは気田の人々にとって暮らしの一部であり、彼らの誇りであることには違いない。

郷島（ごうじま）

望月 花鈴

気田（けた）との往来

郷島は春野町きっての市街地である気田商店街から気田川に沿って三㎞ほど上流に遡ったところにある集落である。郷島といっても、下流から順に木の子島、下組、その対岸の上組と集落内には三つの小集落が点在する。かつては中組も存在したが、現在は上組に含まれている。現在では三つの集落をあわせて一六世帯、三六人が暮らしている（令和六年一月現在）。

昭和二四年（一九四九）に気田川の右岸に沿った林道が開通する以前は、郷島から金川（きんがわ）、気田の市街地へ出るためには、気田川左岸の切り立った峠道を徒歩で越えて、山路（さんろ）を経て金川へ下りるしかなかった。そのため金川の商店で買い物をすることが多かったが、気田の行商人が郷島へ来ることもあったという。気田川の左岸の上組、中組の人々はそのまま峠道に出ることができたが、対岸の下組の人々は小倉（おぐら）の吊り橋を渡っていた。山路の峠道を利用すると郷島から金川まで歩いて三〇分足らずであるが、道幅はきわめて狭く、西側は気田川への絶壁、東側も絶壁に近い斜面で、しばしば崩落した。それでも郷島で暮らす人々は長い間、この峠道を利用していた。気田川沿いの林道が開通した後も、子どもたちはこの峠道を歩いて気田の小学校まで通ったという。

気田川沿いの林道が開通したことで郷島から気田へ自動車で行き来することができるようになった。しかし、そうなると対岸の上組、中組の人々が林道へ出るには、気田川を渡らなければならない。上組、中組の人々は林道沿いに車庫を置き、自宅から車庫まではそれぞれの組に架かる吊り橋を歩いて渡ることになった。

昭和四八年（一九七三）に郷島大橋が完成し、翌年に町道・小倉郷島線が開通したことによって郷島の両岸の集落は自動車で行き来することができるようになり、生活は飛躍的に改善された。また、それまでは山路の峠道を徒歩で通学していた郷島の子どもたちもスクールバスで通学できるようになった。

正月に門松を飾らない

郷島には「正月に門松を飾らない」という風習がある。本書に掲載した松井公雄さんの言い伝えによると、昔、郷島に住む人が門松を作っているときに目を刺してしまったことから門松を立てなくなったという。

このような門松を忌む風習は全国各地に見られる。『日本伝説大系』によれば、第五巻に「門松を忌む村」、第一二巻に「松なし正月」という項目が立てられる。たとえば第五巻の「門松を忌む村」では、埼玉県熊谷市の聖天様が松の葉で眼を突いた伝説や、山梨県韮崎市での薬師様が松の葉で眼を突いたという伝説が紹介されている。また、第一二巻の「松なし正月」では、愛媛県宇和島市の山口氏の先祖が門松で眼を突いた話や高知県宿毛市の某家の先祖が門松で眼を突いたとする伝説も紹介されている。門松を立てない由来としては、熊谷市や韮崎市の事例のようにその土地に祀られる神仏に遡るケースや、宇和島市や宿毛市のように先祖に遡るケースが多いようである。

本書に掲載した言い伝えでは、眼を突いたのが「郷島に住む人」とだけ言われていて、神仏であるとか、先祖であるとかの特定がされていない。語り手の松井公雄さんだけでなく、集落に住む人は「誰が眼を突かれたかは知らない」という。しかし、他の地域での事例と比較すると、郷島での「門松を飾らない」という風習が「ただの人」に由来するとは考えにくい。郷島に祀られていた産土神的な神仏か、あるいは集落内の有力な家の祖先に由来するエピソードがあり、その部分が忘れ去られてしまった可能性が指摘できるかもしれない。明治時代の初めまでは郷島には蛭子社が祀られていたという。明治七年（一八七四）の神仏習合によって気田の南宮神社に合祀されたが、もしかしたら眼を突かれたのは産土の蛭子様だったのかもしれない。

また、『日本伝説大系』第五巻の「門松を忌む村」では山梨県上野原市の南朝の落人伝説が、第一二巻の「松なし正月」では徳島県那賀町の平家落人の伝説が、それぞれの由来とされている。こうした特異な風習は「他の集落との文化・習俗の違いが平家落人の末裔の証であり、貴種の証として強く意識されている」（『平家物語大事典』「伝説 総説」）との指摘もある。前述のように、林道が開通するまでの郷島は、金川・気田からはわずか二km足らず、歩いて三〇分もかからない道のりだったが、郷島から金川・気田へ通う人たちはいても、金川・気田から郷島を訪れる人は少なかった。郷島は気田地区として括られているが、そのなかでは、あたかも隠れ里のように認知されていたのだろう。「正月に門松を飾らない」という特異な風習は、そうした郷島の「隔絶した」土地柄とともに、住民の暮らしの誇りとして伝えられたのではないだろうか。

金川（きんがわ）

小鍋　未羽

金川の貯木場

気田（けた）の街並みを北に抜け、気田川橋を渡ると金川の商店街に入る。現在、金川の商店街は気田の街路つながりで「気田商店街」となっているが、金川の街と気田の街では成り立ちが異なる。気田については、気田の地域解説（藤井七海）に譲る。

気田川と杉川の合流地に位置する金川は、二つの川から川狩りによって流されてきた木材を集積し、筏に組み直す「綱場（つなば）」として古くから繁栄した。昭和四年（一九二九）には気田川に気田堰堤（えんてい）が建設され、流水量の低下によって気田川での川狩りは困難になった。しかし、その代替として気田堰堤から気田発電所に用水を送る水路を利用して木材を流送するという方法が採られたため、金川に集積される木材が減ることはなかった。昭和七年（一九三二）には約三〇〇〇坪の金川貯木場が開設され、木材の集積地として金川はさらなる活況を見せた。

昭和八年（一九三三）に気多森林鉄道が着工し、昭和一〇年（一九三五）には植田（うえった）から金川貯木場への運行が開始された。ところが、昭和一八年（一九四三）に金川から篠原（しのはら）へ渡る杉川第一橋梁が流失する。昭和一五年（一九四〇）にはすでに篠原に大規模な貯木場も建設されていたため、それ以来、橋梁は再建されず、気多森林鉄道は篠原が起点となった。それでも、杉川からは川狩りによって木材は運ばれ続け、また、森林鉄道を利用できない民有林の木材も発電所の水路を利用して金川貯木場へ集積された。木材の集積地としての主役は篠原に移っても、金川は民有林の貯木場としての役割を担い続けた。

　金川貯木場に集積された木材は、「日雇衆（ひようしゅう）」と呼ばれる集落外から働きに来る筏師たちによって筏に組まれ、気田川へ流された。昭和二五年頃まで気田川橋の袂には「仐（やまじゅう）」と呼ばれる筏問屋があった。ここは木材の検尺の他、筏組みに必要な藤蔓を販売する店舗や筏師たちの宿屋としても賑わいを見せたという。また当時、金川には気田川木材工場をはじめ個人経営の材木店も三軒ほどあり材木商の往来も盛んであった。

　木材の輸送方法は変化し、昭和三二年（一九五七）には気田と杉（すぎ）、川上（かわかみ）を結ぶ県道二八号線（現在の国道三六二号線）が整備され木材をトラックで搬出するようになった。川狩りや筏流しをする様子は見られなくなり、川湊として栄えた金川の街も転換期を迎えた。

金川の商店街

　木材の集積地点として繁栄した金川は、商店も軒を連ねた。森町から来る行商人は金川の商店街を通り、そこから赤岡（あかおか）の峠を越えて杉（すぎ）へ、あるいは野尻（のじり）、植田（うえった）、勝坂（かっさか）へと往来した。また、山間の集落からは背負子（しょいこ）を背負って金川へ買い出しに来る人も大勢いた。山間の集落の人々にとっては気田の街よりも手近な金川の商店街の方が利用しやすかったという。彼らは商店街に入る前に、本多屋菓子鋪で草履から靴に履き替え、身なりを整えることもあった。本多屋は金川の商店街を代表する老舗の一つで、春野町銘菓として知られる「あおねり」発祥の店である。あおねりは春野町の美しい山々をイメージして大正時代に開発され、改良を重ねながら現代まで受け継がれる。

戦後の復興期には木材の需要も佳境に入り、金川の商店街も空前の繁栄を迎えた。商店街には食料品をはじめとした商店だけでなく、時計店、電器店、靴店などの贅沢品を取り扱う店舗までもが軒を連ねた。三軒あった料理旅館（澤田屋、川坂屋、角屋）は、木材の買い付けに来た材木商たちによる商談を兼ねた宴会で繁盛したという。昭和二二年（一九四七）には好景気を反映し、金川に二階建ての舞台付き映画館が建設された。金川公会堂の名で親しまれ、有名歌手を招いた歌謡ショーも開催された。周辺集落からも観客が集まり、会場を満席にするほどの大盛況を見せた。テレビの普及などにより金川公会堂は昭和四五年頃には閉館したが、そこでの思い出を懐古する人は多い。

金川の商店街では春から夏にかけて軒先に「涼み台」と呼ばれる縁台を出す店が数軒あった。ここには買い物客たちが立ち寄り、涼みながら談笑する場となっていた。特に酒販店である丸仲商店の軒先には晩酌をしに多くの人が集まった。また、日が暮れる前には金川の子供たちが集まり、その店のおばあさんから昔話や伝説を聞いて楽しんだという。

昭和20年代～30年代の金川の商店街

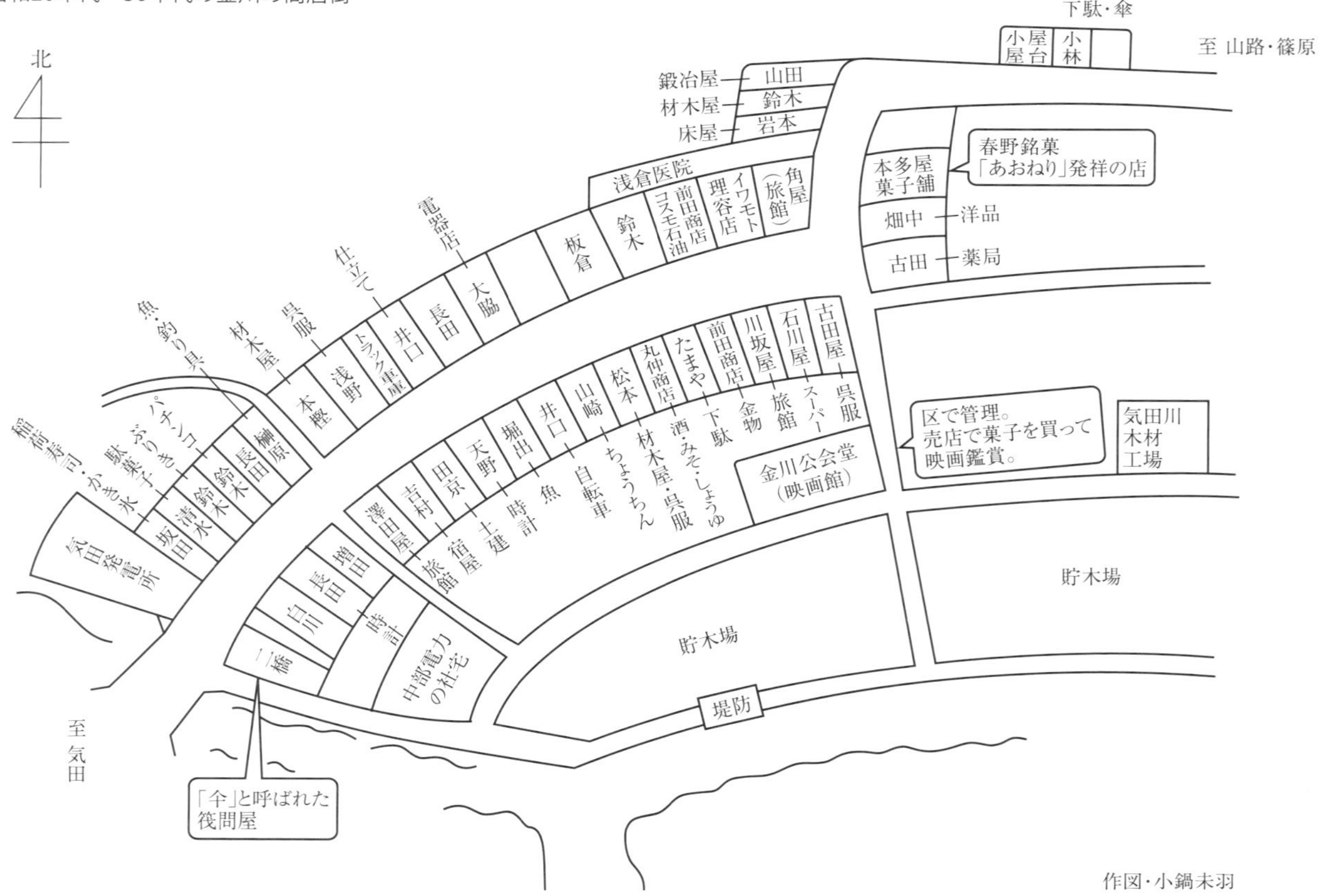

作図・小鍋未羽

仇山（あだやま）

佐藤　菜々美

暮らしと産業

仇山は気田の町はずれに位置する集落である。気田の下区から仇山への間は四～五〇〇mほどしか離れていないが、平地に住宅が密集する気田の市街地とは異なり、仇山は気田川沿いの緩やかな斜面に畑と住宅が点在する。そこに三一帯、五八人が暮らしている（令和六年一月現在）。

かつて仇山では気田川沿いの平地に水田を拓き、傾斜地に麦や野菜などを栽培し、自給自足の生活を営んでいた。多くの家庭では現金収入を得るために営林署や町内の企業へ勤めに出ていたという。

戦後の復興から高度経済成長期にかけての建設ラッシュを背景に木材の需要が高まり、春野町でも大量の木材が搬出されるようになった。昭和二六年（一九五一）には気田森林鉄道が全線開通したものの、三五年（一九六〇）には早くも廃止となった。木材の運搬は森林鉄道と筏から、トラックへと移行したのである。しかし、昭和四二年（一九六七）の時点でさえ、町内を通る県道の舗装率はわずか八％に過ぎなかったという（『春野町史　下巻』）。当時の春野町には道路を舗装に必要な生コンクリートの製造施設がなく、生コンを町外から搬入しなければならなかった。生コンは時間をかけて搬入すると固まってしまい、舗装工事は思うように進まない。そこで生コンを町内で製造するため、昭和四五年（一九七〇）、仇山に春野建設協同組合の生コンプラントが建設された。町内での生コンの製造が可能になり、大規模な道路工事が進められるようになった。昭和四六年（一九七一）には若身バイパスが開通。昭和四八年（一九七三）には気田バイパスの起点となる久里崎橋が建設され、昭和五四年（一九七九）にはいよいよ気田バイパスも開通した。

仇山の生コンプラントは気田川沿いに広がる水田を埋め立てて建設された。水田を生コンプラントに転用することに集落内から大きな反対はなかったという。当時は国の減反政策により全国各地で水田が転作、削減され始めていた。仇山でも稲作を続けるよりもプラントに土地を貸すほうが現金収入につながったという。

春野建設協同組合は春野町の各地から従業員を雇用していた。昭和五二年（一九七七）頃には四〇人ほどが働いていたという。ちょうど林業が衰退し始めていた時期でもあり、山仕事から転職してきた人たちもいた。

「山栄社」の屋台

気田では毎年一〇月に南宮神社の例大祭が催される。この祭礼は「秋祭り」とも呼ばれ、篠原の山王社、金川の金勢社、気田の上組祭典と中栄社、仇山の山栄社、平木の八幡連の屋台が曳きまわされる（詳細は「気田（上区・中区・下区）の解説を参照）。

かつて仇山には屋台がなく、南宮神社の秋祭りには大榊（おおさかき）と大注連縄（おおしめなわ）を奉納するのみであった。一時は仇山の若者たちの間で屋台を製作する動きもあり、屋台を製作するために欅（けやき）の木材まで準備していたという。しかし、そうした動きが実現することはなかった。そのため「秋祭りで屋台を曳きまわすことは憧れだった」と当時を語る人もいる。

昭和五〇年代になると仇山では婿養子や若者のUターンが相次いだという。『広報はるの』昭和五九年（一九八四）二月号では当時の仇山の自治会長が「最近、若い人も少しずつ増して、区民が一つ気持ちになって住みやすい区をつくろうとして、張り切っています」と述べている。そうした活気に後押しされ、この年、森町から中古の屋台を購入した。しかし、その屋台は仇山の集落を曳きまわされただけで、気田の街中まで曳かれることはなかった。気田の社中に比べると見栄えがしなかったからだという。

昭和六一年（一九八六）、仇山に屋台の建設委員会が組織され、屋台の建築が本格的に始まった。屋台の製作に用いられる木材は、住民たちによって仇山の山林から伐り出された。そうした木材は地元で製材され、磐田の工務店や浜松の彫刻店に運ばれて屋台の各部材に加工された。その後、屋台の部材はふたたび仇山へ運び込まれる。最終的な組み立ては地元、仇山の彦坂建築に託されたのである。

昭和六二年（一九八七）、ついに「山栄社」の屋台が完成し、その年の秋の南宮神社の祭礼には初めて仇山の屋台が気田の街中を曳きまわされた。

木材の伐り出しから始まって部材の組み立てまで、仇山の「山栄社」の屋台の製作には住民たちが直接、関わってきた。その分、屋台への愛着も強い。

砂川（いさがわ）

望月 花鈴

熊切（くまきり）から犬居（いぬい）へ

砂川は高塚山（標高六三三ｍ）の山腹に広がる集落である。標高四〇〇ｍから四五〇ｍにかけての斜面に三七世帯、八二人が暮らしている（令和五年一〇月現在）。

江戸時代には峯沢頭村（みねさわがしらむら）、赤土村（あかつちむら）、徳瀬村（とくせむら）を合わせて砂川郷と呼ばれていた（『遠江国風土記伝』）。明治時代の初期に砂川郷の三村が合併して砂川村となり、明治二二年（一八八九）に施行された町村制によって砂川村は熊切村に編入された。

昭和三一年（一九五六）、熊切村と犬居町の合併により春野町が誕生した。砂川の人々はもともと熊切村を生活圏としていた。この頃、砂川には二軒の商店があった。食料品や日用品は岡村商店で、雑貨や菓子などは「たんぼ」という呼び名で親しまれた寿々屋（すずや）でも購入できた。岡村商店や寿々屋では買えない米や酒などは、高塚山の尾根道を二時間ほど歩いて熊切村の中心街である石打松下（いしうちまつした）の馬場通り（まんばどお）りまで買いに出ていたという。集落内には砂川小学校があったが、中学生になるとその尾根道を歩いて東中学校（旧熊切中学校）まで通っていた。

昭和三五年頃、砂川から和泉平を経て犬居へ繋がる道路（現在の春野サルゴダ大時線）が舗装され、自動車で犬居へ行くことができるようになると、砂川の生活圏は大きく変わった。買い物は犬居の若身へと出るようになる。当時の若身は「若身銀座」と呼ばれるほどの賑わいだった。昭和三七年（一九六二）には熊切の東中学校から犬居の南中学校へ学区が変更になった。道路の改善によって和泉平を経て犬居へ通うほうが近くなっていたからである。

昭和四三年（一九六八）には砂川小学校も犬居小学校に統合された。小学生にとっては犬居までの通学は遠く、スクールバスが運行されることになった。中学生もスクールバスを利用できるようになり、通学は画期的に容易になった。路線バスも通るようになり、マイカーでの通勤も増加したという。学区も生活圏も砂川は犬居のなかに入っていった。

砂川の茶園

前述したように砂川には三七世帯、八二人が暮らしている（令和五年一〇月現在）が、そのうちの七世帯、一七人は移住による転入である。砂川は春野町の他集落と比べ、集落内の人口に対して移住者の割合が高い。砂川への移住の理由は様々であるが、七世帯のうち二世帯は茶の有機栽培と直販を営んでいることも砂川の特色である。

砂川には日当たりの良い南向きの斜面を活かした茶畑が広がる。昭和四三年（一九六八）、旧砂川小学校の校舎を活用して砂川共同製茶工場が造られ、集落内で共同の製茶を行うようになった。その後、集落内の茶園が整備されたことで平成三年（一九九一）には茶園管理機が導入され、効率的な作業ができるようになったという（『広報はるの』平成三年五月号）。平成八年（一九九六）に砂川と和泉平にあった製茶場が共同でマルセン砂川協同製茶組合を設立した。このマルセン砂川協同製茶組合では農薬と化学肥料を使わない茶の有機栽培にこだわり続け、平成一六年（二〇〇四）には当時の組合員五二軒のすべての茶園が有機ＪＡＳ認定を受けている。集落内の茶園の九七％で有機栽培が行われるようになったという（『広報はるの』平成一六年七月号）。

集落全体でのこうした取り組みに魅了された二組の若い夫婦が砂川に移住して茶園を始めた。「うの茶園」は平成二一年（二〇〇九）から、「茶空民」は平成二三年（二〇一一）から砂川で茶園を営む。どちらの茶園も砂川の人たちから茶の栽培を学んだという。現在では、煎茶以外にも紅茶や烏龍茶の商品開発を手がけ、オンラインストアによる販路の開拓など、いわゆる第六次産業としての展開を見せている。「うの茶園」も「茶空民」も砂川に住み始めてからすでに一〇年以上になる。「うの茶園」は「『新規就農者でも地域に馴染み、経済的にも自立できる』ということを世間に示すこと」を目指してきたという。また、「茶空民」は砂川を「ここだから、作りたいと思える場所」という。

大時（おおとき）

小鍋　未羽

大時の街道と往来

大時は旧熊切村（くまきりむら）の集落の一つであり、熊切の石打松下（いしうちまつした）の馬場（まんば）通りからは約九㎞の道のりにある。昭和三一年（一九五六）に熊切村と犬居町（いぬいちょう）が合併してからもしばらくは、小学生は隣の集落の花島（はなじま）小学校へ、中学生は石打松下の熊切中学校（東中学校）へ徒歩で通っていた。昭和四四年（一九六九）に花島小学校が熊切小学校に統合されると、花島の子どもたちは熊切小学校へ通学することになったが、大時は犬居学区に編入され、子どもたちは一〇㎞ほどの町道（平尾大時線）をスクールバスで犬居小学校へ通うことになった。中学生もスクールバスで犬居中学校へ通い、生活圏は犬居へと移っていった。

大時の八坂神社には文安元年（一四四四）四月五日の銘が刻まれた鰐口（わにくち）が奉納されている。そこには「奉施入遠江国熊切内大土岐・牛頭天王」と記され、室町時代には「大土岐」とも表記されていたらしい。「大土岐」という漢字から街道が東西南北に大きく岐（わか）れる交通の要衝とする説もある（『ふるさと春野の回想』）。

大時は「お犬さま」信仰で名高い春埜山大光寺（はるのさんだいこうじ）へ参詣するための登り口の一つである。大光寺への参道は大時の他にも花島、田河内(たごうち)、森町の大河内(おおこうち)からの四ルートがあり、それぞれの登り口には黒門(くろもん)と呼ばれる黒塗りの門が設けられていた。大時の黒門は間口一間半(約二・七m)のこぢんまりとしたものであった。戦前にはその手前に参詣者相手の茶店が営まれていたという。四月九日と一〇日の大光寺の祭礼は、かつては盛大に催され、大時からの参道も賑わった。戦後、黒門は劣化により取り壊されてしまったが、大時の人々はかつて黒門があった場所を現在でも「黒門」と呼んでいる。参道沿いの民家に春埜山参詣に来た人が泊まることもあったといい、参道の賑わいが窺える。

森町から大時への道は、春埜山大光寺へ繋がる信仰の道というだけでなく、行商人たちが往来する交易の道でもあった。森町から訪れる行商人たちは、生活用品の他に衣服なども扱っていたという。また、熊切の馬場通りからも商人たちが通ってきていた。鮮魚まで売りに来ていたため生活に不自由することはなかったという。道沿いには戦前まで商人宿を兼ねた商店があり、大時の人々が集う場にもなっていた。かつての商店には現在でも自然と人が集まり、世間話を交わす様子も見られる。

白倉膏薬(しらくらこうやく)

白倉は大時から西に谷を隔てて一㎞ほど離れた小集落である。かつては民家が六~七軒ほどもあったというが、現在では三軒の空き家が残るのみである。

この白倉に、地名と同じ姓の「白倉家」があった。かつて白倉家では「白倉膏薬」という膏薬を製造していた。白倉膏薬は傷やあかぎれに効能があるとされ、近隣の集落でも販売されていた。製造法は門外不出とされた秘薬で、そのため人骨や頭髪、大蛇の骨が使われているとの風説もあった。

白倉家の住宅は武家屋敷のような式台（しきだい）玄関を構え、その右脇に板大戸（いたおおと）がある。板大戸は日常の出入口で、その先には土間、台所といった生活空間が広がる。二階には百目箪笥（ひゃくめだんす）があり、箪笥の中には膏薬の原材料とされる人骨や蛇の骨が収められていたという。聴診器や注射器などもあり、膏薬の製造・販売だけでなく、民間的な医療行為も行っていたらしい。

一方、式台のある玄関から上がると畳敷きの座敷になる。もともと白倉の地名を姓とした名家であり、風格のある式台玄関は白倉家のその権威と格式を伝えている。明治以降の白倉家の当主は神職の資格を持ち、座敷の二階では祈祷が行われていたという。屋敷の隣には立派な社祠も建つ。

門外不出の秘薬を製造し、民間的な医療行為を手がけ、祈祷も行う白倉家は、おそらく江戸時代までは修験に関わる家だったのであろう。明治初頭の神仏分離を経て神職となった後も秘薬の製造・販売は続けられていた。しかし、戦後になると原材料不明の民間薬は製造できなくなってしまった。白倉家も現在はこの地を離れ、白倉集落そのものもすでに廃村となってしまっている。「白倉膏薬」のことは『春野町史』（一九九九年）にも記録されることはなかった。それでも「膏薬屋」の通り名とともに、その真っ黒な貼り薬を懐かしむ人たちもいる。

胡桃平（くるみだいら）

佐藤　菜々美

暮らしと往来

犬居（いぬい）の若身（わかみ）から不動川に沿って県道五八号（袋井春野線）を東へ進む。途中、新不動橋から分岐して山あいの市道（春野胡桃平線）を三㎞ほど登ってゆくと胡桃平に出る。胡桃平は、渓谷を挟むようにして、北と東と南の山の尾根から中腹にかけて、それぞれ坊山（ぼうやま）、松島（まつしま）、島沢（しまざわ）（向山（むかいやま））の三つの組が点在する。三つの組に一〇世帯、一八人が暮らす（令和五年一〇月一日現在）。

昭和三一年（一九五六）に旧熊切村（くまきりむら）と旧犬居町が合併し、春野町が誕生した。胡桃平はもともと熊切村内の集落だったが、明治末期に和泉平の下田と胡桃平を結ぶ山道（後の春野胡桃平線）が拓かれて以来、熊切よりも、むしろ犬居へ行き来するようになっていた。犬居の若身からは行商人が徒歩で訪れ、鮮魚やアイスキャンディーなども買うことができたという（魚は鮮度が怪しかったという話もある）。

熊切村と犬居町との合併以前から、胡桃平の子どもたちは胡桃平小学校（昭和四四年（一九六九）廃校）を卒業すると、同じ村内の熊切中学校ではなく、犬居町の犬居中学校へ越境通学していた。明治末期に拓かれた下田と胡桃平を結ぶ山道は、熊切よりも犬居へ通学する方が距離的にも近く、歩きやすかったという。中学生は学校帰りに犬居や若身の商店での買い物を頼まれることもあった。昭和二〇年代に下田と胡桃平を結ぶ山道が改修され、自動車の通行が可能となった。

胡桃平の南側は白山（六五八m）の林道春埜山線を境として周智郡森町三倉と接している。かつては旧道の尾根道を森町からの行商人たちが往来した。

胡桃平は稲作に不向きな土地であり、畑で麦や粟などの雑穀類を栽培して主食としていた。古くから茶や椎茸を換金用に栽培し、また、終戦後しばらくまではほとんどの家で養蚕が営まれてきた。茶や繭は森町から胡桃平を訪れる行商人たちによって買い取られ、森町へ運ばれていた。胡桃平の「報徳屋」は酒や菓子などを販売する商店でもあったが、行商人を泊める宿を兼ねていたという。

胡桃平の「猫檀家」

胡桃平の坊山には森町三倉の栄泉寺の住職の法力にまつわる伝説が伝わる。昔、胡桃平で人が亡くなった。村人たちがその遺体を棺に入れて運んでいると、そこに栄泉寺の和尚が通りかかった。和尚は「その中に死人がいない」と言う。不思議に思った村人が棺を開けてみると、和尚の言うとおり棺の中は空っぽだった。

本書では、胡桃平の井口透さんが語った話を収録している。『静岡県伝説昔話集』（静岡県女子師範学校郷土研究会編、一九三四年）によれば、この伝説には続きがある。栄泉寺の和尚は「死人は魔物のためにさらはれてあの木の上にある」と言い当てる。そして、和尚の法徳に感服した胡桃平の一二軒が栄泉寺の檀家になったという。

この伝説は、いわゆる「猫檀家」に分類される。「猫檀家」は昔話や伝説として日本各地に伝わっている。春野町では牧野と大時にも類話が確認される（『春野のむかしばなし』「海蔵寺の猫檀家」）。よく知られる「猫檀家」では、貧乏な寺の和尚に長年かわいがられていた猫が、恩返しのために葬式で怪異を起こす。そこに居合わせた和尚が経を唱えると怪事が鎮まり、和尚の法力が知れ渡る。貧乏な寺には檀家が増え、和尚は裕福になった。いわば猫の恩返し譚である。胡桃平に伝わる「猫檀家」は、猫の恩返しのモチーフをもたない。前述の『静岡県伝説昔話集』に収められた話でも猫の恩返しは語られない。胡桃平の「猫檀家」は、よく知られる「猫檀家」の未完成ではなく、もともとそのモチーフを持たなかったのだろう。

胡桃平の「猫檀家」は、栄泉寺側から積極的に広められた伝説のようである。昭和四一年（一九六六）に栄泉寺が出版した『総檀信徒各家並有縁の諸氏へ贈呈本』によれば、江戸時代の享保一〇年（一七二五）七月七日に、胡桃平の岩間家の葬儀で起きた化者（きゃしゃ）による怪事を当寺一三世の住職・鉄翁盤柱和尚が法力により退けた。それを目の当たりにした胡桃平の住民たちが地元の旦那寺から栄泉寺に改檀した由緒を伝えている。「猫檀家」は曹洞宗の寺院で布教のために使われることが多かったという指摘もある（勝田至「火車の誕生」『国立歴史民俗博物館研究報告』一七四、二〇一二年）。「三倉から離れた土地なのに栄泉寺の檀家になっている」という状況を説明するために、曹洞宗が得意とした「猫檀家」を栄泉寺が利用したのではないだろうか。

◆語り手一覧◆

整理番号	氏名	生年	年齢	性別	現住所	出身地	採録話	掲載番号	伝承に関わる備考
1	井口透	昭和12年	87	男	胡桃平	胡桃平	三倉の栄泉寺と猫檀家	伝説22	
2	岩間百合子	昭和14年	84	女	砂川	森町三倉	火の玉㈢	世間話6	岩間さん自身の体験談
3	岩本秀彦	昭和17年	81	男	気田下区	富山県	金川の七人塚と太刀洗沢 城山小僧にさらわれた子ども	伝説8 世間話15	
4	上平一馬	昭和17年	81	男	気田下区	川上	もうこんが来る 山仕事の禁忌（汁かけ飯）	言い伝え4 言い伝え17	「山仕事の禁忌（汁かけ飯）」は職場の人から聞いた話
5	梅谷誠利	昭和30年	68	男	仇山	仇山	里原のいぼ地蔵	言い伝え8	息子から聞いた話
6	大上哲哉	昭和30年	68	男	胡桃平	胡桃平	十二支の由来㈢鼠と猫 一休さんの頓智㈡屏風の虎	昔話11 昔話21	
7	大嶋一暢	昭和10年	88	男	気田中区	気田中区	狸に化かされた話㈠ 山仕事の禁忌（鉄砲汁）	世間話11 言い伝え16	「狸に化かされた話」㈠は自身の体験談
8	尾上良子	昭和19年	79	女	大時	篠原	浦島太郎 大時の女郎松 大時の八坂神社の禁忌（花火）	昔話4 伝説19 言い伝え10	「大時の女郎松」は尾上家に伝わる
9	勝田敬子	昭和17年	81	女	気田中区	気田中区	桃太郎㈠ 天神森の一つ目小僧	昔話1 言い伝え2	元・保育士。よく園児たちに紙芝居で昔話を聞かせた

10	鎌倉実代子	昭和25年	74	女	仇山	篠原	鶴の恩返し㈡	昔話6	「三途の川」と「蝮除けのまじない（蕨の恩）」は知り合いの体験談
							勝坂の灰縄山㈡	伝説4	
							三途の川	世間話3	
							盆には川に入ってはいけない	言い伝え15	
							蝮除けのまじない（蕨の恩）	言い伝え20	
11	木下二郎	昭和25年	74	男	気田上区	焼津市	半信行、逃げろ	世間話18	「半信行、逃げろ」は祖父から聞いた話。「気田の咳地蔵」は自身の家の話
							気田の咳地蔵	言い伝え7	
							魚釣りの禁忌（梅干し）㈡	言い伝え19	
12	酒井幸平	昭和15年	83	男	気田上区	気田上区	火の玉㈠	世間話4	自身の体験談
13	榊原旭	昭和8年	90	男	砂川	砂川	十二支の由来㈡鼠と牛	昔話10	
							兎と亀	昔話16	
							しもくん沢の椀貸し伝説	伝説18	
14	嶋口淑容	昭和31年	67	女	郷島	領家	秋葉山の祭日の禁忌	世間話19	祖父の葬式の際に聞いた話
15	嶋口仁	昭和26年	72	男	郷島	郷島	篠ヶ嶺城の矢（郷島の高矢家と中矢家の由来）	伝説7	「魚釣りの禁忌（梅干し）㈠」は母親から聞いた
							魚釣りの禁忌（梅干し）㈠	言い伝え18	

16	鈴木嘉津雄	昭和17年	81	男	砂川	砂川	砂川の七人塚	伝説13	
17	鈴木美恵子	昭和19年	79	女	気田下区	磐田市	大根と人参と牛蒡	昔話13	幼少期に祖母から昔話を聞いていた。祖母から聞いた話を孫に話していた
							狸の八畳敷き	昔話17	
							城山小僧(一)	伝説11	
18	高矢力	昭和27年	71	男	金川	金川	金川のお稲荷さまの霊験(二)	言い伝え6	自身の体験談
19	津金む津江	昭和22年	76	女	気田上区	花島	狐に憑かれた茶摘み	世間話10	「狐に憑かれた茶摘み」は学校の噂話で聞いた
							春埜山のお犬さま	言い伝え9	
20	塚本善之	昭和16年	82	男	気田上区	気田上区	郷島のたへい淵	伝説5	
21	辻本富江	昭和20年	78	女	気田下区	石切	姥捨山(灰縄)	昔話19	
							鴉の知らせ	言い伝え13	
22	花島良二	昭和10年	88	男	砂川	砂川	かまんど沢のこぼっちょに憑かれた話	世間話14	友人の体験談
23	原山二美子	昭和21年	77	女	砂川	砂川	狸に化かされた話(二)	世間話12	「狸に化かされた話(二)」は自身の体験談
							高塚山の不動さまの七つ石	言い伝え12	
24	藤原哲吉	昭和24年	74	男	気田上区	石切	木の子島の椀貸し伝説	伝説6	知り合いから聞いた話
25	松井公雄	昭和21年	77	男	郷島	郷島	門松を飾らない風習	言い伝え1	
26	水口久	昭和8年	90	男	気田下区	金川	京丸牡丹	伝説2	幼少期に金川のおばあさんから伝説や昔話を聞いた
							仇山沢の赤石	伝説10	

27	溝口初之亟	昭和20年	78	男	砂川	砂川	砂川の行者塚	伝説14	
							かまんどの大蛇と茗荷の葉	伝説15	
							かまんどの大蛇と生姜の葉	伝説16	
							砂川と大時の境決め	伝説17	
							八天塚の雨乞い	言い伝え11	
							白倉膏薬	言い伝え21	
28	向山圭一	昭和20年	78	男	胡桃平	胡桃平	胡桃平の落人伝説(加藤家の由来)(一)	伝説20	「胡桃平の落人伝説」は二話とも加藤家の人から聞いた。「ホッチョ婆」は知り合いの体験談
							胡桃平の落人伝説(加藤家の由来)(二)	伝説21	
							ホッチョ婆	世間話17	
29	向山由美子	昭和23年	75	女	胡桃平	杉第三	何かに化かされた話	世間話13	母親の体験談
30	村松桂子	昭和17年	82	女	気田下区	野尻	金川の首塚と太刀洗沢	伝説9	
31	森下路子	昭和5年	93	女	胡桃平	田黒	因幡の白兎	昔話7	自分の子どもによく昔話を話していた
32	山下國昵	昭和6年	92	男	気田中区	気田中区	城山小僧にされわれた少女	世間話16	「赤い飯」は自身の体験談
							赤い飯	世間話20	

番号	話者	生年	年齢	性別	出身	居住	話名	分類	備考
33	山田隆靖	昭和45年	53	男	仇山	仇山	花咲爺	昔話3	山田福利さんの息子。職場でよく昔話を話している
							鶴の恩返し㈠	昔話5	
							猿蟹合戦	昔話8	
							鼠の嫁入り	昔話14	
							北風と太陽	昔話15	
							新屋の墓柱	昔話18	
							一休さんの頓知㈠このはしわたるべからず	昔話20	
34	山田福利	昭和16年	83	男	仇山	仇山	桃太郎㈡	昔話2	山田隆靖さんの父。隆靖さんに昔話をよく話していた。「天神森の狐火」は自身の体験談。「狐に化かされた話（油揚げをとられる）」は父親の体験談。「狐に化かされた話（蕎麦踏み）」は知り合いの体験談
							十二支の由来㈠鼠と牛	昔話9	
							雀と燕	昔話12	
							勝坂の灰縄山㈠	伝説3	
							城山小僧㈡	伝説12	
							天神森の狐火	世間話7	
							狐に化かされた話（油揚げをとられる）	世間話8	
							狐に化かされた話（蕎麦踏み）	世間話9	
35	山道世津子	昭和27年	72	女	金川	金川	京丸の尹良親王と藤原家	伝説1	

36	和田旬市	昭和28年	70	男	仇山	仇山	通夜の怪異(祖母の幽霊)	世間話1	自身の体験談
							気田川のザーザーの怪(水死者の霊)	世間話2	
37	渡辺正子	昭和17年	81	女	気田中区	気田上区	火の玉(二)	世間話5	「火の玉(二)」は自身の体験談
							天神森の化け猫	言い伝え3	
							金川のお稲荷さまの霊験(一)	言い伝え5	
							蜂の巣の予兆	言い伝え14	

上平一馬さん
（気田下区）

岩本秀彦さん
（気田下区）

岩間百合子さん
（砂川）

井口透さん
（胡桃平）

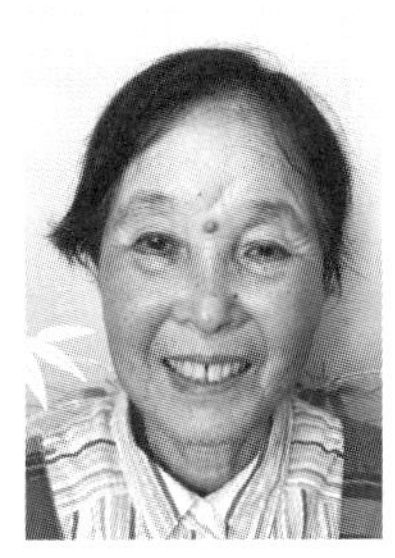
尾上良子さん
（大時）

大嶋一暢さん
（気田中区）

大上哲哉さん
（胡桃平）

梅谷誠利さん
（仇山）

酒井幸平さん
（気田上区）

木下二郎さん
（気田上区）

鎌倉実代子さん
（仇山）

勝田敬子さん
（気田中区）

鈴木嘉津雄さん
（砂川）

嶋口仁さん
（郷島）

嶋口淑容さん
（郷島）

榊原旭さん
（砂川）

塚本善之さん
（気田上区）

津金む津江さん
（気田上区）

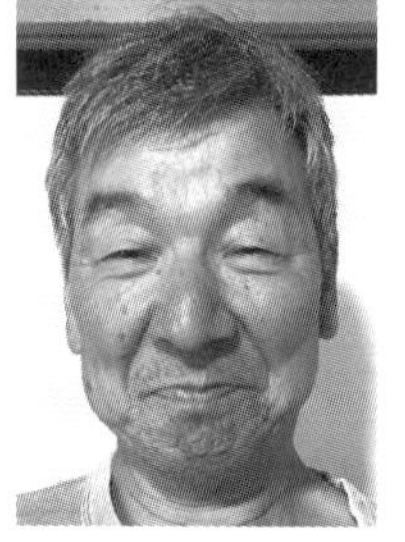

高矢力さん
（金川）

鈴木美恵子さん
（気田下区）

藤原哲吉さん
（気田上区）

原山二美子さん
（砂川）

花島良二さん
（砂川）

辻本富江さん
（気田下区）

向山圭一さん
（胡桃平）

溝口初之亟さん
（砂川）

水口久さん
（気田下区）

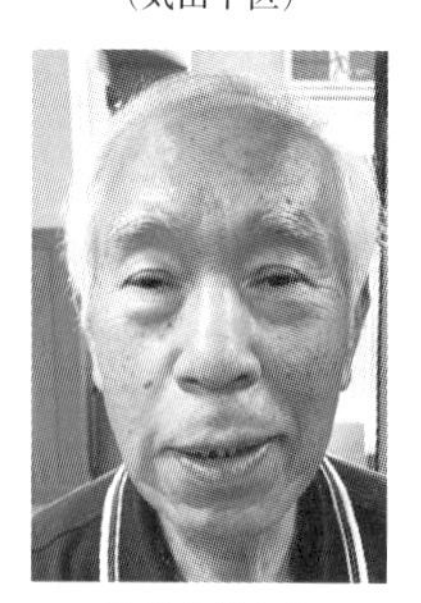

松井公雄さん
（郷島）

山下國昵さん
（気田中区）

森下路子さん
（胡桃平）

村松桂子さん
（気田下区）

向山由美子さん
（胡桃平）

和田旬市さん
（仇山）

山道世津子さん
（金川）

山田福利さん
（仇山）

山田隆靖さん
（仇山）

渡辺正子さん
（気田中区）

◆話型一覧◆

掲載番号	題名	話者	日本昔話通観	日本昔話大成	Aarne-Thompson type index	日本伝説大系	備考
	昔話						
1	桃太郎㈠	勝田敬子	一二七「桃太郎」	一四三「桃の子太郎」	cf.五一三A		
2	桃太郎㈡	山田福利	一二七「桃太郎」	一四三「桃の子太郎」	cf.五一三A		「大きな桃、小さな桃」の描写あり
3	花咲爺	山田隆靖	三六四A「犬むかし-花咲か爺型」	一九〇「花咲爺」	一六五五		
4	浦島太郎	尾上良子	七四「浦島太郎」	二二四「浦島太郎」	cf.四七〇、四七一	三「浦島太郎」	
5	鶴の恩返し㈠	山田隆靖	二三九A「鶴女房-離別型」	一一五「鶴女房」			
6	鶴の恩返し㈡	鎌倉実代子	二三九A「鶴女房-離別型」	一一五「鶴女房」			
7	因幡の白兎	森下路子		動物新六「兎と亀」	五八		
8	猿蟹合戦	山田隆靖	五二三A「柿争い-仇討ち型」	二七A「蟹の仇討」	二一〇		
9	十二支の由来㈠鼠と牛	山田福利	五四三「十二支の起こり-鼠の狡猾」	三一「十二支の由来」	二七五		
10	十二支の由来㈡鼠と牛	榊原旭	五四三「十二支の起こり-鼠の狡猾」	三一「十二支の由来」	二七五		
11	十二支の由来㈢鼠と猫	大上哲哉	五四三「十二支の起こり-鼠の狡猾」	三一「十二支の由来」	二七五		

番号	題名	話者					
12	雀と燕	山田福利	四五四「雀孝行」	四七A「雀孝行」			
13	大根と人参と牛蒡	鈴木美恵子	五二〇「大根とにんじんとごぼう」				
14	鼠の嫁入り	山田隆靖	五六八「鼠の婿選び」	三八〇「土竜の嫁入」	二〇三一 cf.五五五	三八〇「土竜の嫁入」	
15	北風と太陽	山田隆靖					
16	兎と亀	榊原旭	五四五B「しらみとのみの競争―居眠り型」	三九「亀にまけた兎」	一〇七四、cf.一二三		
17	狸の八畳敷き	鈴木美恵子	三一九「畳屋と猫」	二六六「狸の八畳敷」	一一三五、一一三七		
18	新屋の墓柱	山田隆靖					
19	姥捨山（灰縄）	辻本富江	四一〇A「姨捨て山―難題型」	五二三A「親棄山」	九八一	一七「姥捨山」	
20	一休さんの頓智㈠このはしわたるべからず	山田隆靖	八二五「難題話―この橋渡るな」				
21	一休さんの頓智㈡屏風の虎	大上哲哉	八一三「難題問答―虎をしばれ」				
伝説							
1	京丸の尹良親王と藤原家	山道世津子				一六八「平家谷」	
2	京丸牡丹	水口久				一六八「平家谷」	
3	勝坂の灰縄山㈠	山田福利	四一〇A「姨捨て山―難題型」八一八「難題話―灰縄」	五二三A「親棄山」	九八一	一七「姥捨山」	

番号	話名	話者					
4	勝坂の灰縄山(二)	鎌倉実代子	四一〇A「姨捨て山―難題型」八八「難題話―灰縄」	五二三A「親棄山」	九八一	一七「姥捨山」	
5	郷島のたへい淵	塚本善之					
6	木の子島の椀貸し伝説	藤原哲吉	五四「貸し椀淵」			一九二「椀貸淵」	
7	篠ヶ嶺城の矢(郷島の高矢家と中矢家の由来)	嶋口仁					
8	金川の七人塚と太刀洗沢	岩本秀彦				九六「七人塚」	
9	金川の首塚と太刀洗沢	村松桂子				一一七「血の池」	
10	仇山沢の赤石	水口久					
11	城山小僧(一)	鈴木美恵子		本格新四四「藁人形の建てたお宮」(参考)			城山小僧の名前を「はち公」
12	城山小僧(二)	山田福利		本格新四四「藁人形の建てたお宮」(参考)			
13	砂川の七人塚	鈴木嘉津雄				九六「七人塚」	
14	砂川の行者塚	溝口初之亟					
15	かまんどの大蛇と茗荷の葉	溝口初之亟					

16	かまんどの大蛇と生姜の葉	溝口初之亟					大蛇は新宮池に棲みつく
17	砂川と大時の境決め	溝口初之亟				一八四「行逢裁面」	
18	しもくん沢の椀貸し伝説	榊原旭	五四「貸し椀淵」			一九二「椀貸淵」	貸し主は大蛇
19	大時の女郎松	尾上良子					
20	胡桃平の落人伝説(加藤家の由来)(一)	向山圭一				一六八「平家谷」	九州からの落人
21	胡桃平の落人伝説(加藤家の由来)(二)	向山圭一				一六八「平家谷」	
22	三倉の栄泉寺と猫檀家	井口透	三八六「猫檀家」	二三〇「猫檀家」	cf.一五六A	一四四「猫檀家」	猫の恩返し譚なし
世間話							
1	通夜の怪異(祖母の幽霊)	和田旬市					
2	気田川のザーザーの怪(水死者の霊)	和田旬市					
3	三途の川	鎌倉実代子					
4	火の玉(一)	酒井幸平					
5	火の玉(二)	渡辺正子					

6	火の玉㈢	岩間百合子				
7	天神森の狐火	山田福利				
8	狐に化かされた話（油揚げをとられる）	山田福利				
9	狐に化かされた話（蕎麦踏み）	山田福利				
10	狐に憑かれた茶摘み	津金む津江				
11	狸に化かされた話㈠	大嶋一暢				
12	狸に化かされた話㈡	原山二美子				
13	何かに化かされた話	向山由美子				
14	かまんど沢のこぼっちょに憑かれた話	花島良二				
15	城山小僧にさらわれた子ども	岩本秀彦				
16	城山小僧にさらわれた少女	山下國昵				
17	ホッチョ婆	向山圭一				
18	半信行、逃げろ	木下二郎				

19	秋葉山の祭日の禁忌	嶋口淑容					
20	赤い飯	山下國昵					
	言い伝え						
1	門松を飾らない風習	松井公雄				五九「禁忌［Ｉ］」（行事）	
2	天神森の一つ目小僧	勝田敬子				一六三「一目小僧」	
3	天神森の化け猫	渡辺正子					
4	もうこんが来る	上平一馬					
5	金川のお稲荷さまの霊験(一)	渡辺正子					
6	金川のお稲荷さまの霊験(二)	髙矢力					
7	気田の咳地蔵	木下二郎					
8	里原のいぼ地蔵	梅谷誠利					
9	春埜山のお犬さま	津金む津江					
10	大時の八坂神社の禁忌（花火）	尾上良子					
11	八天塚の雨乞い	溝口初之亟					
12	高塚山の不動さまの七つ石	原山二美子					
13	鴉の知らせ	辻本富江					

14	蜂の巣の予兆	渡辺正子				
15	盆には川に入ってはいけない	鎌倉実代子				
16	山仕事の禁忌（鉄砲汁）	大嶋一暢				
17	山仕事の禁忌（汁かけ飯）	上平一馬				
18	魚釣りの禁忌（梅干し）(一)	嶋口仁				
19	魚釣りの禁忌（梅干し）(二)	木下二郎				
20	蝮除けのまじない（蕨の恩）	鎌倉実代子	五七「わらびの恩」	八二「蕨の恩」		蝮を助ける描写なし
21	白倉膏薬	溝口初之亟				

◇調査記録◇

令和5年5月20日（土）第1回採録調査
午前　郷島公民館
午後　金川区公民館

令和5年5月27日（土）第2回採録調査
午前　上区公民館
午後　旧高須書店

令和5年6月10日（土）第3回採録調査
午前　気田下区民センター
午後　個別訪問　岩間百合子さん　岡村まり子さん
栗沢勝枝さん　榊原旭さん　榊原民子さん
新村晴代さん　鈴木嘉津雄さん　鈴木喜世子さん
鈴木猛史さん　花島みつ子さん　花島良二さん
原山二美子さん　溝口初之亟さん　山本景さん

令和5年6月17日（土）第4回採録調査
午前　仇山公民館
午後　個別訪問　尾上良子さん　木田つね代さん
木村みよ子さん

令和5年6月24日（土）第5回採録調査
午後　個別訪問　井口透さん　大上哲哉さん
向山圭一さん　向山由美子さん　森下路子さん

令和5年7月1日（土）第6回採録調査
午前　春野図書館
午後　個別訪問　板倉定男さん　木下二郎さん
坂田愛子さん　松井圭子さん

令和5年7月8日（土）第7回採録調査
午前　個別訪問　鎌倉実代子さん　森田信夫さん
山田隆靖さん　山田福利さん　和田旬市さん
午後　個別訪問　尾上良子さん

令和5年7月15日（土）第8回採録調査
午前　個別訪問　大嶋一暢さん　勝田敬子さん
山下國昵さん　渡辺正子さん
午後　個別訪問　岡本千恵さん　榊原旭さん
榊原民子さん　榊原昇さん　新村晴代さん
鈴木嘉津雄さん　鈴木猛史さん　原山二美子さん
溝口知恵子さん　溝口初之亟さん

令和5年7月22日（土）第9回採録調査
午前　個別訪問　上平一馬さん　鈴木美恵子さん
辻本民子さん　辻本富江さん　荻原美栄子さん
水口久さん　村松桂子さん
午後　個別訪問　井口透さん　大上哲哉さん

向山圭一さん　森下路子さん

令和5年8月5日（土）第10回採録調査

午前　個別訪問　嶋口仁さん　辻本民子さん
松井公雄さん　松井良子さん
午後　個別訪問　梅谷あきさん　梅谷むつえさん
梅谷誠利さん　大嶋一暢さん　村松桂子さん
山下國昵さん　渡辺正子さん

令和5年8月6日（日）第11回採録調査

午前　個別訪問　酒井幸平さん　塚本善之さん
新村晴代さん　藤原哲吉さん　溝口初之亟さん
午後　個別訪問　天野茂さん　天野志げのさん
岩本二三男さん　木下二郎さん　津金む津江さん

令和5年10月21日（土）補足調査①

午前　南宮神社例大祭にて聞き取り調査
尾上良子さん
午後　南宮神社例大祭にて聞き取り調査

令和5年10月28日（土）補足調査②

午前　酒井幸平さん　髙矢伴実さん　水口かず子さん
水口順通さん　松井公雄さん
午後　梅谷誠利さん　木下二郎さん　松井圭子さん
山下晃二さん　吉村誠司さん

令和5年11月11日（土）補足調査③

午前　鈴木嘉津雄さん　鈴木猛史さん
山本奈々絵さん　山本義晃さん
午後　井口透さん　大上貴美恵さん　大上哲哉さん

令和5年11月25日（土）補足調査④

午前　彦坂俊秀さん　山田明さん　山田隆靖さん
山田福利さん
午後　上平一馬さん　内野美千子さん　大嶋一暢さん
岡本道子さん　岡本行正さん　髙矢力さん
西岡孝典さん　西岡伸治さん　松井公雄さん
松井良子さん　森坂清孝さん

令和5年12月9日（土）補足調査⑤

午前　宇野大介さん　宇野まどかさん
溝口初之亟さん
午後　井口透さん　榊原旭さん　新村晴代さん
原山二美子さん

令和5年12月16日（土）補足調査⑥

午前　池山達雄さん　尾上良子さん　河村恵美子さん
河村典行さん　溝口初之亟さん
午後　上平一馬さん　鏡田哲之さん　清水光靖さん
髙矢侑亮さん　西岡孝典さん　西岡伸治さん

日置康男さん　水口久さん　山下國昵さん
吉村誠司さん

令和5年12月18日（月）補足調査⑦

午前　森町教育委員会

令和5年12月19日（火）補足調査⑧

午前　（森町）山田一乗さん　田上勝三さん
松下明史さん　三郷定男さん

令和5年12月20日（水）補足調査⑨

午後　石元晃一さん

令和5年12月27日（水）補足調査⑩

午前　白倉善夫さん（袋井市）
午後　尾畑多慶さん

令和6年1月31日（水）補足調査⑪

午後　勝田敬子さん　森田信夫さん　山田福利さん
彦坂俊秀さん　梅谷誠利さん　吉村誠司さん
岡本行正さん　藤原洋子さん
山下國昵さん　山下晃二さん　髙矢侑亮さん

令和6年2月2日（金）補足調査⑫

午前　溝口初之亟さん
午後　木田つね代さん　岡本幸子さん　尾上良子さん
河村恵美子さん

あとがき

二本松　康宏

二〇一八年から始まった春野での民話の採録調査は、本年度で六年目となり、いよいよここに完結する。

一年目は熊切（[1]花島・牧野、[2]田河内、[3]筏戸大上、[4]越木平、[5]五和、[6]石打松下・田黒、[7]長蔵寺）を訪ね、『春野のむかしばなし』を刊行した。二年目は犬居（[8]西領家、[9]東領家、[10]犬居、[11]若身、[12]昭和、[13]平尾、[14]平野、[15]静修、[16]胡桃平、[17]大時、[18]砂川、[19]和泉平）で『春野の昔話と伝説』。ここまでは順調だった。

三年目となる二〇二〇年は未曾有の疫禍に見舞われた。大学も遠隔授業になる。採録調査ができる状況ではない。それでも「調査」をあきらめきれない。「目的のために、あらゆる選択肢を模索し、最善を尽くす」というのが伝承文学ゼミに培われた信念の共有である。その選択が『北遠の災害伝承―語り継がれたハザードマップ―』を完成させた。

二〇二一年、疫禍は続いていたが、テーマを「山の怪異」に限定することで採録調査の規模をできるだけ縮小した。[20]川上と杉（[21]杉第一、[22]杉第二、[23]杉第三）、それに三年ぶりの田河内、越木平、五和もめぐり、『春野の山のふしぎな話』を刊行した。

二〇二二年、やはり疫禍は続いていたが、それでも日常の生活を回復しつつあった。豊岡（[24]勝坂、[25]植田、[26]野尻、[27]赤岡、[28]山路、[29]篠原）と宮川（[30]平木、[31]里原、[32]久保田、[33]高瀬、[34]河内）で、ようやく従来の採録調査を再開した。書籍には『春野の民話』と題した。

＊　＊

二〇二三年、残すところは気田（郷島、[35]金川、[36]気田上区、[37]気田中区、[38]気田下区、[39]仇山）、[40]そして石切[41]…のはずだった。しかし、石切は前年に最後の住民が転出し、集落は消滅していた。

愛する妻・伊邪那美（いざなみ）を亡くした伊邪那岐（いざなぎ）は妻を追って黄泉（よみ）の国を訪ねた。しかし伊邪那美（いざなみ）は夫に告げる。「悔（くや）しき哉（かも）、速（と）くは来（き）まさずて」（残念なことです。もう少し早くお越しくださっていたなら）。石切の最後の住民が転出したと聞いて、真っ先に『古事記』のなかの伊邪那美（いざなみ）のセリフが頭の中をよぎった。「悔（くや）しき哉（かも）、速（と）くは来（き）まさずて」。一度もお会いしたことがない石切の最後の老婦人に、そう言われたような気がしてくる。「なぜ、もう少し早く来てくれなかったのか」と。あるいは石切の里に眠る古（いにしえ）の祖神（おやがみ）たちの声か。あのとき、川上と杉と、そして石切を訪ねていたら…。あのときならば、たしか、まだ数軒はいらっしゃったのに。

昔話や伝説は、その土地に暮らす人々の「心と記憶の遺産」である。そう位置付けてきた。私たちの調査とは、その「心と記憶の遺産」を預かること。私たちを信じて「心と記憶の遺産」を託してくださった人たちの「思いに応えること」。それも伝承文学ゼミに受け継がれてきた信念の共有（SPIRITS）の一つである。

そうした信念の共有（SPIRITS）のもとに、私たちは六年をかけて春野の四〇の自治会（集落）をすべて訪ねた。それはそれですごいことだと思う。しかし、「四一番目」の石切にたどり着けなかった。これは私の判断ミスである。「間に合わなかった」という、この後悔（つみ）を、せめてこの先もずっと胸に刻んでゆくしかない。

＊　＊

胡桃平、大時、砂川にも、危うく悔いを残すところだった。この三つの集落は二〇一九年に採録調査をしている。しかし、あのときは領家（西領家、東領家）、堀之内（犬居、若身、昭和、平尾、平野、静修）、和泉平の解説だけで精一杯だった。胡桃平、大時、砂川の解説までは手が及ばなかった。「序」にも触れたように、領家、堀之内、和泉平は旧幕府領で、明治二二年（一八八九）の町村制によって犬居村（後の犬居町）になっている。それに対して胡桃平、大時、砂川（徳瀬村、峯沢頭村、赤土村）は掛川藩領であり、明治の町村制では熊切村の一部になっていた。つまり歴史的な成り立ちが違う。その線引きを大義として、胡桃平、大時、砂川の解説を後の書籍に託したのである。

春野での採録調査は本年度で最後となる。胡桃平、大時、砂川の解説も、これが最後の機会になる。もう一度、訪ねてみよう。四年ぶりだ。この四年間で私も少しは成長した。学生一人一人の力量を見極め、無理のない範囲で複数の地域解説を担当させる方法も考えてきた。四人の学生たちはいずれも精鋭である。大丈夫だ、きっとできる。

…はずだった。先ほどから「…はずだった」ばかりである。やはりそんな簡単なことではなかった。郷島と砂川、金川と大時、仇山と胡桃平。道のりで言えばそれぞれ二〇㎞近くも離れている。土地柄も暮らしも何もかも違う二つの集落を一人の学生が同時に並行して調査を進め、解説するなんて無茶も甚だしい。結局、学生たちには尋常ではない負担を強いてしまった。地域解説は、ただただ徒労が多い。昔話や伝説、世間話が伝えられた環境こそが地域解説の本質である。しかし、その環境を象徴するようなトピックに気が付くまで、あるいはたどり着くまでがとにかく苦しい。自分の掴んできた情報がダイヤモンドなのか石ころなのか判断が難しい。誤解されがちなのだが、フィールドワークによって解説を書くのではない。フィールドワークなんてしなくても一〇〇%の解説は書けるのだ。そのうえでフィールドワークによってその一〇〇%を一二〇%に高めるのである。

書籍から得た情報もフィールドワークによって得られた情報もすべてはまず疑ってみる。そこから「問い」が生まれる。学問とは、その「問い」のことである。学生に求めるのは「他の誰でもない、自分にしか書けない唯一無二の解説」である。伝承文学ゼミに受け継がれてきた信念（SPIRITS）の共有が、学生たちの調査と解説を支え、あるいは苦悩へと駆り立てる。

＊　＊

誠実さのかたまりみたいな健気な学生たちに裸足で棘（いばら）の道を歩かせるようなマネをしている。年間で二〇数日にもおよぶ調査なんて普通ではない。まして解説の添削は学生たちを奈落の如くに苛み続ける。こんなゼミに入らなければ、もっと違った楽しい学生生活があったかもしれないのに。学生たちへの申し訳なさで圧し潰されそうだ。二〇一四年に水窪から始めた採録調査はちょうど一〇年になった。これで一〇冊目の書籍である。
「潮時」という言葉が何度も何度も頭の中を過（よぎ）る。

なのに性懲りもなく「次」の調査を始めようとしている。

二〇二四年一月一日、浜松市では「区」の再編が施行された。従来の七区から中央区、浜名区、天竜区の三区制になった。中央区は人口約六〇万人、浜名区は約一五万人、天竜区は二万四千人余りである。天竜区の人口は中央区の一／二四に過ぎない。アンバランスな差である。しかし、悪い話ばかりではない。天竜区担当の副市長ポストが新設され、天竜区役所に常駐することになった。人口減や過疎化、高齢化など中山間地域の課題の解決や振興を担当するらしい。山の暮らしはけっして見捨てられたわけではない。だから、私たちも採録調査をあきらめない。「心と記憶の遺産」を預かりに行こう。どこまでも、だ。格好よく言うなら、我が学術の矜持にかけて、ってやつだ。

＊　＊

この六年間、春野協働センター（二〇二四年一月からは春野支所）と春野文化センターの職員の皆様にはひとかたならぬご支援を賜った。春野町で過疎地特区のＮＰＯタクシーを運営する「春野のえがお」の皆様にもお世話になりっぱなしである。春野協働センターの皆様も「春野のえがお」のドライバーの皆様も休日を返上して私たちに同行してくださる。とくにドライバーの中村一夫さんは、毎年の学生たちをまるで実の孫のようにかわいがって、こまやかに面倒をみてくださった。学生たちは中村さんを「たんたん」とニックネームで呼び、慕っている。中村さんの人柄と人脈に、私たちがどれほど助けられてきたか。ここに記して感謝申し上げたい。

黄地百合子先生と松本孝三先生にも、例年同様、調査に赴く直前の学生たちへの講義をお願いした。それももう一〇年になる。私たちの書籍を誰よりも熟読し、分析し、評価してくださっているのはおそらくこのお二人だろう。調査はもうちょっとだけ続くことになりそうです。引き続きのご指導、お力添えをお願いいたします。

そして、とうとう一〇冊目となったこのシリーズを、いつも快く刊行してくださっている株式会社三弥井書店の吉田敬弥社長と吉田智恵編集長にも、心から御礼を申し上げます。実は、原稿を入れてから書籍として刊行されるまでには、わずか一ヶ月半しかかかっていない。一七〇頁そこそこの書籍とはいえ、綱渡りのようにスリリングなスケジュールである。本当にいつも申し訳なく思っている。三弥井書店のご理解がなければ、こんな刊行はとうてい続けることができない。「感謝」なんて言葉を百回尽くしてみても、たぶん足りない。

二〇二四年二月一四日

編著者
小鍋　末羽（こなべ・みう）　2003年 2月28日生まれ　静岡県島田市出身
佐藤　菜々美（さとう・ななみ）　2003年 2月14日生まれ　静岡県函南町出身
藤井　七海（ふじい・ななみ）　2002年4月26日生まれ　愛知県田原市出身
望月　花鈴（もちづき・かりん）　2002年8月6日生まれ　静岡県静岡市出身

監修者
二本松 康宏（にほんまつ・やすひろ）　1966年12月7日生まれ　長野県長野市出身
静岡文化芸術大学教授、博士（文学）
民話関連の編著書
『水窪のむかしばなし』（二本松康宏監修、植田沙来・内村ゆうき・野津彩綾・福島愛生・山本理紗子編著、三弥井書店、2015年）
『みさくぼの民話』（二本松康宏監修、岩堀奈央・植木朝香・末久千晶・鷹野智永・久田みずき編著、三弥井書店、2016年）
『みさくぼの伝説と昔話』（二本松康宏監修、佐藤妃莉・下川知沙子・羽石誠之助・東美穂・平手結花・山本かむい編著、三弥井書店、2017年）
『たつやまの民話』（二本松康宏監修、稲葉夏鈴・岡田真由子・小林由芽・玉置明子・中谷文音・毛利とわ編著、三弥井書店、2018年）
『春野のむかしばなし』（二本松康宏監修、伊藤優華・藤井優・吉髙里編著、三弥井書店、2019年）
『春野の昔話と伝説』（二本松康宏監修、亀本梨央・川口璃穏・柴田俊輔編著、三弥井書店、2020年）
『北遠の災害伝承 - 語り継がれたハザードマップ - 』（二本松康宏監修、青木ひめの・青島萌果・小川日南・川嶋結麻・米川沙弥・松井佐織編著、三弥井書店、2021年）
『春野の山のふしぎな話』（二本松康宏監修、小田ありさ・奥村宗明・澤田駿佑編著、三弥井書店、2022年）
『春野の民話』（二本松康宏監修、奥理咲子・島津華梨・中澤明音・永田絵美梨編著、三弥井書店、2023年）

表紙画
川嶋結麻（かわしま・ゆま）

春野のむかし語り

令和６年３月21日　初版発行

定価はカバーに表示してあります。

発行者　吉田　敬弥
発行所　株式会社 三弥井書店
〒108−0073東京都港区三田3−2−39
電話03−3452−8069
振替00190−8−21125

ISBN978-4-8382-3415-8 C3039　整版·印刷 エーヴィスシステムズ